辽宁地方财政风险问题研究

邢文妍 著

辽 宁 大 学 出 版 社

图书在版编目（CIP）数据

辽宁地方财政风险问题研究/邢文妍著．一沈阳：辽宁大学出版社，2019.10
ISBN 978-7-5610-9721-2

Ⅰ.①辽… Ⅱ.①邢… Ⅲ.①地方财政一风险管理一研究一辽宁 Ⅳ.①F812.731

中国版本图书馆 CIP 数据核字（2019）第 197339 号

辽宁地方财政风险问题研究
LIAONING DIFANG CAIZHENG FENGXIAN WENTI YANJIU

出 版 者：辽宁大学出版社有限责任公司
（地址：沈阳市皇姑区崇山中路 66 号　　邮政编码：110036）
印 刷 者：沈阳市第二市政建设工程公司印刷厂
发 行 者：辽宁大学出版社有限责任公司
幅面尺寸：170mm×240mm
印　　张：13.25
字　　数：210 千字
出版时间：2019 年 10 月第 1 版
印刷时间：2019 年 10 月第 1 次印刷
责任编辑：张宛初
封面设计：韩　实
责任校对：齐　悦

书　　号：ISBN 978-7-5610-9721-2
定　　价：50.00 元

联系电话：024-86864613
邮购热线：024-86830665
网　　址：http://press.lnu.edu.cn
电子邮件：lnupress@vip.163.com

前　　言

新中国成立70年来，辽宁经济社会蓬勃发展。2018年，辽宁地区生产总值达2.53万亿元，按可比价格计算，是1952年的214倍；城乡居民人均可支配收入达到37 342元和14 656元，分别为1978年的103倍和79倍。但不可否认的是，一段时期以来，辽宁经济受到产业结构不合理、民营经济不发达，人口持续流出、营商环境吸引力低等因素的影响，遇到较大下行压力，2015年和2016年连续两年经济负增长。面对严峻复杂的经济形势，辽宁迎难而上、克难奋进，遏制了经济下行态势，保持了经济平稳增长。2017年，辽宁地区生产总值增长4.2%，扭转了2011年以来经济增速单向回落的局面；2018年增长5.7%，经济运行保持稳中有进、总体向好。

辽宁地方财政的可持续发展是地方经济稳步健康发展的有力保障。伴随着辽宁地方经济的下行压力，地方财政也经历了最困难的时期，地方财政风险在一定程度上显现出来。主要表现在：一是辽宁地方债务风险加大。辽宁地方债债务率在2014年攀升至131.97%，并且连续3年超过了100%的警戒线；二是辽宁养老保险隐性债务风险加大。辽宁基本养老保险基金收支缺口逐年扩大，且累计结存连续4年负增长，2018年可支付月数仅有1.76个月；三是辽宁土地财政风险逐步显现。从2011年后辽宁省土地出让收入逐年缩减，土地财政收入总规模也呈现出萎缩态势，这进一步加剧了地方财政收支压力，引致了地方政府债务率的攀升。本研究作为“辽宁省哲学社会科学重点学科（金融学骨干学科）课题”研究成果，初衷在于立足辽宁经济社会发展实际，研究地方财政风险问题，更加合理准确地评估和预警各类财政风险，并提出化解财政风险的对策和建议。

本书的研究内容主要包括以下几个部分：

第一章，辽宁地方政府债务风险研究。从地方政府债务的风险理论和现实影响出发，以辽宁为样本，利用 IMF 债务风险预警分析体系，对我国省级地方政府债务风险进行了全面评估，并给出了风险等级划分。针对辽宁成为高风险地区典型这一现状，本书进一步做了债务风险预警分析，根据预警分析结果提出了化解辽宁地方政府债务风险的政策建议。

第二章，辽宁养老保险隐性债务风险研究。从养老保险隐性债务理论及其影响因素分析入手，探讨了财政参与养老保险的合理性，并以养老保险基金收支缺口最大的城镇职工基本养老保险为例，分析了辽宁基本养老保险隐性债务风险，预测了到 2030 年养老保险隐性债务规模给地方财政带来的压力，最后提出了化解养老保险隐性债务风险，促进基本养老保险可持续发展的政策建议。

第三章，辽宁土地财政风险研究。从地方政府土地财政风险存在的理论逻辑和现实基础出发，分析了全国各省级地方政府土地财政风险现状，并探讨了风险产生的主要原因和化解土地财政风险的政策建议。最后，在后土地财政时代的大背景下，全面分析了辽宁土地财政发展现状及其对地方经济发展产生的积极和消极作用，并有针对性地提出了促进辽宁土地财政转型的政策建议。

第四章，支持辽宁经济可持续发展的财政政策研究。财政政策对辽宁地方经济和社会发展起着至关重要的引领和推动作用。本章从提升辽宁省服务业发展质量、优化辽宁省税收营商环境和完善辽宁农村金融体系三个部分，分析了如何优化顶层制度设计，完善财政税收政策，进一步促进辽宁经济可持续发展。

在本书的写作过程中，我得到了单位领导、同事以及家人的支持，在此表示感谢！另外，受到各种客观条件的制约，本书仍存在不足和疏漏之处，还望读者批评指正。

邢文妍

2019年7月于沈阳

目　录

第一章　辽宁地方政府债务风险研究

第一节　政府债务的理论基础

一、政府举债的理论依据

（一）财政分权理论

公共财政理论的基础就是财政分权理论，此理论主要有两个核心构成，即集权理论与分权理论。政府的财权和事权分配不合理、不均衡，地方政府与中央政府之间责任划分不清，导致我国当前的情况是，财权过多集中在中央政府，而事权过多落在了地方政府，从而导致了地方政府由于财力的限制，在发挥事权责任时大大受限，无法更好地发挥地方政府的应有责任，更好地服务地方人民。对于政府债务来说，正是由于财权与事权的不均衡，地方政府只能考虑通过发债的方式筹资，从而更好地履行事权责任。

（二）公共产品理论

公共产品理论是公共财政理论的重要组成部分，而其具有的不可分割性、非竞争性和非排他性，就决定了提供公共产品的应该是公共部门。另外，根据科斯定理，具有较强外部性的产品，存在市场失灵，因而需要政府制定交易制度，规范参与者行为，从而实现帕累托最优配置。而政府债务的产生，主要是用于公共产品领域，其主要原因在于，政府财力有限，只能通过发债的方式提供更多的公共物品，或者是由于政府职能的越界，在提供公共物品的过程中导致承担过多的责任，从而铸就了政府债务的高起。因此，公共产品有利于界定政府的职能与范围，从而更好地发挥地方政府债务融资的功能，更好地促进地方经济社会发展。

（三）信息不对称理论

信息不对称理论是指由于信息不对称的存在而导致的市场失灵，从而只能由政府来提供。首先，政府债务在信息获得上，地方政府对比中央政府，对自身债务规模、用途、期限等信息更具有优势，处于信息优势地位，它们可以选择有利于自身的信息向中央政府披露。因此，在中央政府与地方政府之间，存在着地方政府债务信息不对称、不充分的情况。其次，地方政府与社会公众之间也存在着信息不对等，因而政府可以根据自己的负债情况，有选择性地将债务信息向社会公众公开。由于信息不对称的存在，社会公众对债务信息的获得量较少，无法达到有效监督的目的。最后，地方政府与地方金融机构也存在信息不对称，政府较金融机构更处于信息优势地位，地方政府在自身财力状况、担保情况、资源可获得性等方面具有优势，因而金融机构在对地方政府进行借贷和评估时，可能因无法获得更多有效的信息而做不出有效的评估。

（四）代际公平理论

代际公平理论，是考虑现代人和后代人对于资源分配的情况，从而实现代际间的可持续。我们不能为了现代人的利益而大量耗费资源，从而影响后代人对资源的享用。地方债就是本届政府债务举债，如果需要后届政府来还，以此类推，每一届政府的举债，都会由后一届甚至后几届的政府来还，正是将还本付息的压力传导到后代，影响到后代举债发展经济社会事业的能力。因此，应更好地规划好本届政府的举债规模，在代际间实现科学的合理分配，从而实现本届政府和后届政府举债的可持续，最终实现代际公平的目标。

（五）社会制约权力理论

社会制约权力理论最早是由法国自由主义思想家托克维尔创立的，是指社会的治理，应当将利益分散化，通过不同的社会群体掌握利益，从而实现分散化和相互制衡。而对于地方政府债务来说，由于缺少制衡机制，即有效的监督和约束，从而导致地方政府举债的规模持续扩大，地方政府债务风险加重。因此，应该根据社会制约权力理论，通过不同社会团体间的制衡关系，包括中央政府、金融机构、地方政府、社会团体、监管机构等不断加强对地方政府债务举债的监管，使举债规模更加科学合理，从而实现可持续化。

（六）公共选择理论

公共选择理论是研究如何对公共资源进行分配的理论。主要是指通过民主决策的政治过程来做出包括公共产品需求供给等决策，以期望能够获得效用最大化。对于地方政府债务来说，虽然举债主体是地方政府，但是地方官员是经济人，容易从利己角度出发，做出的决策可能为了增加个人晋升机会而忽视了决策对社会公众的影响，从而导致一定时期内大兴土木导致的举债规模极速加大，甚至可能会出现违规举债的情况。因此，更需要公共选择理论，尤其是多数票通过规则，规范政府官员的行为，使其做出有利于大多数人的公共决策，从而实现帕累托最优。

（七）委托代理理论

委托代理理论在博弈论中的应用是最多的，一般是指委托人与代理人之间由于信息不对称的存在，从而使得代理人做出的决策不能完全符合委托人的意愿。在地方政府债务理论中，中央政府是委托人，地方政府是代理人，由于中央政府无法获得充分的地方政府的相关信息，地方政府很可能出现过度举债的现象。另外，地方政府与社会公众之间也存在这种关系。信息不对称问题的存在使得公众无法获得充分体现政府债务情况的信息，因而疏于对地方政府的监督，做出过度举债、举债用途不明确、债务资金使用效率不高等相关决策。

二、地方政府融资的政策梳理

2014 年 8 月 31 日全国人大常委会通过《关于修改〈中华人民共和国预算法〉的决定》，2014 年 9 月 21 日国务院印发《关于加强地方政府性债务管理的意见》（国发〔2014〕43 号），2014 年 11 月 16 日国务院印发《关于创新重大领域投融资机制鼓励社会投资的指导意见》（国发〔2014〕60 号），2016 年 7 月 5 日中共中央、国务院联合印发《关于深化投融资体制改革的意见》（中发〔2016〕18 号）。2017 年 4 月 26 日财政部等六部委联合印发《关于进一步规范地方政府举债融资行为的通知》（财预〔2017〕

50号），2017年5月28日财政部印发《关于坚决制止地方以政府购买服务名义违法违规融资的通知》（财预〔2017〕87号），进一步约束地方政府举债行为，政府融资方式趋于规范。2017年7月14—15日，第五次全国金融工作会议强调要严控地方政府债务增量，严防系统性风险的发生，并首次提出“终身问责，倒查责任”的制度。

（一）关于创新融资机制的要求

《中共中央、国务院关于深化投融资体制改革的意见》是第一份以中共中央、国务院名义印发的关于投融资体制改革的文件，是当前和未来相当长一段时期内，对投融资体制领域进行深入改革的统领性文件。此文件提出，未来会进一步拓宽投资项目融资渠道，大力发展直接融资，继续有效发挥政策性、开发性金融机构的积极作用，完善保险资金等机构资金对项目建设的投资机制，加快构建更加开放的投融资体制。探索开展金融机构以适当方式依法持有企业股权的试点；设立政府引导、市场化运作的产业（股权）投资基金，积极吸引社会资本参加；加快建立规范的地方政府举债融资机制，支持省级政府依法依规发行政府债券，用于公共领域重点项目建设。①

（二）关于地方政府举债融资机制的要求

《关于加强地方政府性债务管理的意见》是紧紧围绕如何规范地方政府举债融资机制所出台的第一个地方政府性债务管理政策。《意见》制定了明确的举债主体、规范的举债方式、严格的举债程序等措施，建立了我国地方政府债务管理的新框架，旨在解决地方政府债务“借”“管”“还”的问题。在新一届地方政府举债融资机制下，国家“通明渠、堵暗道”思路十分明确，政府负有偿还责任的一般债券和专项债券均纳入限额管理，须由国务院确定并报全国人大及其常委会批准，这意味着未来具有政府信用的债券额度将被严格限制，发行程序也较为审慎。

（三）关于政府举债融资“正面清单”和“负面清单”的要求

财预50号文是国发43号文的进一步延伸，以此规范地方政府举债融

---

① 中共中央、国务院联合印发《中共中央、国务院关于深化投融资体制改革的意见》（中发〔2016〕18号）

资行为，开展跨部门联合监管，依法依规追究相关人责任，地方政府债务监管继续加码。

地方政府举债融资的“正面清单”：一是严格执行新预算法和国发 43 号文规定，地方政府举债一律采取在国务院批准的限额内发行地方政府债券方式，除此以外地方政府及其所属部门不得以任何方式举借债务；二是地方政府可出资建立各类投资基金，要依法实行规范的市场化运作，政府可适当让利；三是允许地方政府结合财力可能设立或参股担保公司（含各类融资担保基金公司），构建市场化运作的融资担保体系，鼓励政府出资的担保公司依法依规提供融资担保服务，地方政府依法在出资范围内对担保公司承担责任。①

地方政府举债融资的“负面清单”：一是地方政府不得将公益性资产、储备土地注入融资平台公司，不得承诺将储备土地预期出让收入作为融资平台公司偿债资金来源，不得利用政府性资源干预金融机构正常经营行为；二是金融机构为融资平台公司等企业提供融资时，不得要求或接受地方政府及其所属部门以担保函、承诺函、安慰函等任何形式提供担保；三是地方政府不得以借贷资金出资设立各类投资基金，严禁地方政府利用 PPP、政府出资的各类投资基金等方式违规变相举债；四是地方政府及其所属部门参与 PPP 项目、设立政府出资的各类投资基金时，不得以任何方式承诺回购社会资本方的投资本金，不得以任何方式承担社会资本方的投资本金损失，不得以任何方式向社会资本方承诺最低收益，不得对有限合伙制基金等任何股权投资方式额外附加条款变相举债；五是除外国政府和国际经济组织贷款转贷外，地方政府及其所属部门不得为任何单位和个人的债务以任何方式提供担保，不得承诺为其他任何单位和个人的融资承担偿债责任。②

---

① 2014 年 9 月 21 日国务院印发《关于加强地方政府性债务管理的意见》（国发〔2014〕43 号）

② 2014 年 9 月 21 日国务院印发《关于加强地方政府性债务管理的意见》（国发〔2014〕43 号）

（四）全国第五次金融工作会议和新疆金融工作会议有关政府融资行为的要求

全国第五次金融工作会议围绕服务实体经济、防控金融风险、深化金融改革做了重大部署，标志着从严监管、防范风险将是未来相当长一段时期内政府金融工作的主旋律。国家和自治区金融工作会议针对政府融资行为均提出要严控债务总量，其核心是严格监管问责和地方举债终身责任制。

三、政府债务风险生成、演化与传导机制

（一）地方政府债务风险的生成

地方政府债务风险生成的主要原因在于财政体制不健全、行政管理体制制约、债务管理不到位，以及宏观债务政策调控的影响。财政体制不健全，主要体现在地方政府与中央政府事权与支出责任不对等。1994 年实行分税改革之后，财权逐渐集中在中央政府，而更多的事权却落到了地方政府身上。由于地方财力不充足，但地方经济社会发展又急需大量的资金支持，这就使地方政府不得不依靠举债的方式融资，以获得经济社会发展的资金支持。财政体制不健全，还体现在转移支付制度的不完善。我国转移支付长期存在着专项转移支付占比高，一般转移支付占比少的问题。这就造成了地方政府在运用转移支付资金时无法自由发挥，而且转移支付制度存在随意性。因此，必须加快立法，完善转移支付制度，使其有法可依，便于转移支付制度的有效实施。

行政管理体制的不完善，一方面体现在地方政府发债立法的缺失。2015 年新《预算法》的实施明确了地方政府的发债权，但是没有进行单独立法。根据各国的经验，只有立法财政才能真正保障地方债的可持续发展。通过立法程序，明确地方债的举债、规模、偿还责任等内容，有力、严格的限制有利于地方债的规范化管理，有利于地方债风险的化解。通过立法的形式，给予地方政府一定的发债自主权，同时严控地方债务风险的发生；通过立法程序，有力地对违法违规问题进行严惩，有利于提高地方债法制化管理水平。另一方面体现在扭曲的政绩评价标准。地方官员在一定时期内存在着以 GDP 增速论英雄的现象，盲目追求经济的增速，忽视了经济发展的质量和资源的可持续性，因此造成了一定时期内大量上项目，

每天高建设。大量的基建项目必然需要大量的资金支持，因此政府通过融资平台等形式盲目举债，造成了直接偿债责任和负有担保的债务责任的急剧增加。

债务管理的不到位，主要体现在以下三方面：首先是举债不科学。我国地方政府举债以前主要依靠的是融资平台的模式，此模式缺乏有效的监管，导致了债务风险的激增。另外，政府举债具有盲目性，没有对债务规模和结构的有效评估就大量举债，造成债务风险的加大。其次是举债方式的多样化导致监管的缺失。融资平台公司的存在，导致以前主要依靠地方金融机构举债，发展到依靠信托等新的形式，这样不利于监管，造成监管的缺位，带来分债务风险的加大。最后是偿债机制缺乏可持续性。我国的偿债存在借新债还旧债的现象，偿债不具有可持续性，这样就给到期债务带来了无法偿还的风险。建议借鉴国际先进经验尽快建立偿债基金制度。

宏观政策调控的影响主要是指，由于我国近年来加大经济建设步伐，努力提高人民生活水平，必然存在借钱发展的情况。国家出台各项政策，如 4 万亿刺激经济计划等，各地方政府积极响应国家号召，加大对经济建设的投入力度，这就造成了一定时期内债务的激增，债务规模的持续增加，必然会产生财政金融风险。

（二）政府债务风险的演化

我国目前的债务主要由直接债务和间接负债构成，也可以说是由显性债务和隐形债务构成。表 1.1 详细列举了直接债务和间接负债、显性债务和隐形债务之间的关系，这有利于我们更好地掌握我国地方政府债务情况。本课题的研究数据主要针对的是直接债务和显性债务，而获得间接债务和隐形债务数据较为困难，因此本课题没有涉及。

地方政府债务风险的演化具有一定的渠道可寻。地方政府债务风险的产生及财政赤字的增加，导致地方政府将无力偿还债务，产生偿还风险。此时，地方政府必然会考虑其他偿还渠道，如依靠土地财政偿还，但是土地财政是不可持续的，到了土地资源用完或者房地产市场不景气时，地方政府将再也无力偿还债务，最终面临着破产风险。目前，我国的政府破产法还没有出台，地方政府的破产必然由中央政府兜底，债务风险由下向上转移。因此，地方政府债务风险将沿着地方赤字加大→偿债困难→土地财政依赖→地方政府濒临破产→债务风险向上级政府纵向转嫁的路径演变。

表 1.1　　　　　　　　我国地方政府性债务演化机理图

	直接债务	间接债务
显性负债	地方政府融资平台公司举借的，已明确由财政性资金直接偿还的债务	地方政府（含政府部门和机构）为融资平台公司等单位代扣或发行企业债券进行担保或提供回购信用支持形成的债务（债务统计表中表现为由政府担保的融资平台公司、经费补助事业单位、公共事业单位的直接债务、扣除已明确由财政性资金直接偿还的债务）
隐形负债	公共投资项目未来的资本性支出	地板政府融资平台公司为公益性（基础性）项目建设举借的，政府未确认承担直接还款责任，也未提供担保的债务（不含上级财政转贷债务）。地方政府融资平台公司为公益性（基础性）项目建设提供担保形成的债务（不包括已作为被担保人直接债务反映的债务）

（三）政府债务风险的传导机制

地方政府债务的风险传导机制如图 1.1 所示。债务风险的传导具有一定的路径可寻，其风险不仅给地方政府本身带来损害，还会沿着传导路径影响到实体经济、资本市场乃至整个经济社会的稳定。

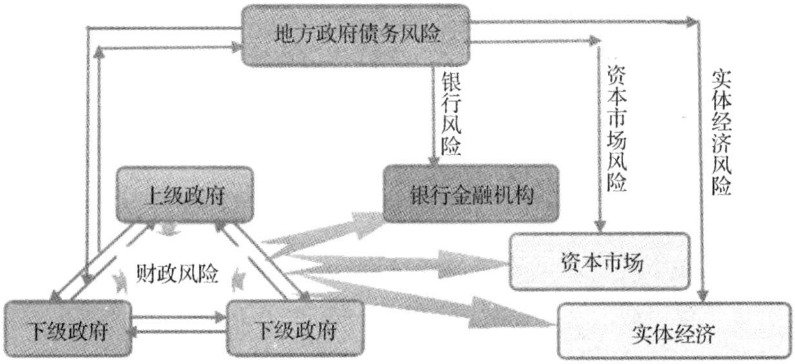

图 1.1　地方政府债务风险传导路线图

1. 上下级财政路径风险传导

一方面，由于我国地方政府与中央政府事权与支出责任的不对等。1994 年实行分税改革之后，财权逐渐集中在中央政府，而更多的事权却落到了地方政府身上。由于地方财力不充足，但地方经济社会发展又急需大量的资金支持，这就使地方政府不得不依靠举债的方式融资，从而获得经济社会发展的资金支持。这就造成了下级政府通过各种途径向上级政府融资，政府债务风险自下而上垂直传导，由基层政府层层向上级政府传导。另一方面，一旦上级政府产生财政风险，必然也会直接传递给下级政府。由于我国财政体制的限制，财政资金层层上移，在中央政府财政困难的情况下，必然会加大对地方财政上交的比例，财政风险由上向下传递。

2. 银行金融路径风险传导

债务风险与金融风险的相互传导。一方面，债务风险可能转化为金融风险。地方政府债务风险一旦发生，地方政府由于财政资金不足，无法偿还商业银行的贷款，必然会将风险转嫁给银行，银行只能做坏账处理，产生损失。因此，一般认为大规模的银行贷款，就意味着银行将替代政府去履行其职责。因此应严控地方政府举债规模，防止其规模的不断扩张造成地方政府偿债压力的增加以及债务风险的产生，导致银行和整个金融体系陷入危机。另一方面，金融风险也会转化为债务风险。一旦金融机构发生风险，政府作为最后“兜底人”的责任就会显现，这增加了地方财政压力。如果财政资金充足，则可以避免进一步的风险传导，如果地方政府本身财力不足，就会产生恶性循环，加大政府债务风险和地方金融风险。

3. 实体经济路径风险传导

实体经济的路径风险传导主要体现在，实体经济一旦进入低谷期，会造成债务风险的加剧，辽宁就是最好的例子。2015 年，辽宁债务率全国排名第二，高达 155%左右，这就造成政府无法利用债务资金更好地拉动实体经济增长，GDP 增速排名全国倒数第一；经济的不景气使财政收入出现了负增长，导致更无法偿还高额的政府债务。这种恶性循环，给经济社会带来了较大的不良影响。

四、政府债务与系统性、区域性金融风险

（一）系统性、区域性金融风险的评判标准

1. 系统性、区域性金融风险

“系统性、区域性金融”是建立在空间位置基础上的一个特定经济学

概念。经济发展的系统性、区域性性质和特征，使区域金融得以开始逐步形成。区域性金融也就是指一个国家金融结构和运行在空间上的分布状态。金融是一个具有很强开放性质的组织系统，但金融要素的流动却并不是完全开放的，会受到区域区位的限制。不同区域的金融组织体系、融资模式、业务方式，乃至金融意识与思维，都存在着客观上的差异。金融差异则是各种区域差异的集中体现和反映。区域性金融风险既不同于整体经济环境的利率风险、汇率风险、购买力风险等宏观经济风险，也不完全等同于信用风险、流动性风险和操作风险等微观经济风险，是某个经济区域内部金融体系所面对的金融风险。因此，要想明确地把握系统性、区域性金融风险的情况，必须建立一套科学、系统、全面的综合评价体系。

区域性金融风险的发生除了地理位置上得天独厚的区间优势及区域间合作外，区域间经济关联主要体现在要素的流动上，资源、技术、人力及产品等要素的区域价格往往各不相同，价格差异促使要素在区域间不断流动，这也成为区域间经济合作的基本动力之一。社会资金等要素在区域间大规模流动，不同区域的企业与企业之间、银行与银行之间，形成你中有我、我中有你、互通有无的关系网络架构，资金债权债务链条等关系复杂，成为风险传递的网络通道。区域间的要素流动为区域风险向其他区域传播提供了载体和渠道，尤其是区域间资金流动所形成的债务债权链条也是传递扩散金融风险的通道。因此，区域性金融风险极易引致系统性金融危机。

2. 系统性、区域性金融风险评价标准

我国金融体系是以中央银行为核心，国有商业银行和政策性银行为主体，多种金融机构并存，呈分业经营、分业协作、分业监管的金融中介机构体系格局。社会融资体系是以银行业金融机构为主导的间接融资体系。非银行金融机构主要包括保险公司、证券公司、租赁公司、投资基金公司等。因此，我国系统性、区域性金融风险的评估应考虑到多种因素的影响，区域金融稳定与安全的关键是保证区域银行业的稳定与经营安全，尤其是区域内重要性银行的稳定与经营情况，区域性金融风险往往是由区域内重要银行的风险问题引发的。

根据以上分析，借鉴国际先进经验，我们考虑从流动性指标、安全性指标、盈利性指标和发展能力指标四个指标进行评价标准研究。第一，流动性指标，主要是指通过相关数据反映的金融机构的存贷比率，从而能够有效体现金融机构对市场风险的反映能力。第二，安全性指标，主要从不良贷款角度出发，了解银行的抗风险点在哪里。不良贷款率的提升，证明了银行不良资产的产生，需要关注银行的风险点。第三，盈利性指标。贷款增长率、存款吸收率等指标的设定，可以明确衡量金融机构未来的盈利能力。盈利是企业生存的本质所在，只有合理的盈利能力的存在才能维持其可持续发展。第四，发展能力指标，主要是考察金融机构对地方经济的推动作用。地方经济发展得越快，金融机构的盈利能力必然越强，二者是相辅相成的关系。因此，考察地方经济能力对于区域性金融风险的评估也尤为重要。

表 1.2 系统性、区域性金融风险评估指标体系

总目标	一级指标	二级指标	类型
系统性、区域性金融风险的分析框架	流动性	存贷比率＝地方金融机构贷款/地方金融机构存款	正向
	安全性	不良贷款余额增长率＝（当期不良贷款余额－上期不良贷款余额）/上期不良贷款余额	正向
		不良贷款率	正向
	盈利性	贷款增长率＝（当期地方金融机构贷款余额－上期地方金融机构贷款余额）/上期地方金融机构贷款余额	负向
		贷款利用率＝地方金融机构贷款余额/地方 GDP	负向
		存款吸收率＝地方金融机构吸收存款额/地方金融机构网点数	负向
	发展能力	金融业增加值	适度
		房地产业增加值	适度
		赤字率＝地方财政赤字/地方 GDP	适度
		税负率＝地方政府税收收入/地方 GDP	适度
		固定资产投资率＝固定资产投资/地方 GDP	适度

（二）地方政府债务风险影响系统金融风险主要渠道

1. 贷款渠道

第一，由于信息不对称、委托代理等问题的存在，商业银行获得有效的信息，对地方政府债务的信用情况做出准确、科学判断的可能性大大减弱。伴随着第三方评估机构的缺失，贷款评估存在不严谨、不准确等情况，为风险存在埋下了隐患。第二，一般来说，地方政府债务存在投入资金量大、回报率低、回收时间长等特点。因此，地方政府项目的收益，无法马上形成现金流有效地弥补债务缺口，这对银行来说存在较大的风险，银行无法对投资项目进行定期跟踪及倒车，不能有效发挥对资金的监管和催收职责，从而造成违约风险的发生和不良贷款率的提高。第三，地方政府目前的贷款多与融资平台相关联，由于政府对融资平台的监管不够，造成了多投贷款和借新债还旧债现象普遍存在，这虽然在一定程度上能够缓解短期偿债压力，但是不利于长期偿债能力的提升，从而给金融系统带来风险。最后，由于资金回流时间较长，地方政府面临的通货膨胀和资产减值的压力也更大，容易被宏观政策性影响最终贷款回收的额度，不利于金融系统的稳定性。

2. 债券渠道

在地方政府发生债务危机时，其偿债能力受到了极大的限制，为了缓解地方政府偿债压力，置换债券成为其必然选择。近年来，政府利用债务置换的方式化解了大量即将到期的债务。通过延长债务偿还期限缓解政府偿债压力，同时也降低了债务利息，有效降低了融资成本。另外，债务置换还有利于降低商业银行的坏账损失率。但是，我们也应该认识到，债务置换只是一定时期内采取的缓解政府偿债压力的一种过渡性方式，只是通过利率的下调，减少了融资成本，不能真正减少地方政府债务规模。

3. 融资担保渠道

地方政府债务包括直接债务和负有担保责任的债务。负有担保责任债务的产生主要是一定时期内，国家允许融资平台公司举债而造成的，这类债务大部分是以土地和项目作为抵押获得的银行贷款。根据以上分析，我国各省（直辖市、自治区）负有担保责任的债务比重不同，但是相对来说，占地方政府债务比重都偏大。例如，山西省负有担保责任的债务已经占到了50%以上，由此可见其隐形风险的存在。银行贷款是地方政府债务举债的最主要渠道。由于目前地方融资平台的信息披露不全面，银行与地方政府之间存在着信息的不对称，无法对相关项目和企业做出全面的风险评估，这就增加了银行的风险隐患。同样，企业融资担保也是政府性债务风险影响区域金融稳定的重要方面。虽然财政部下发通知，严禁地方政府未经批准直接从事担保业务，但从目前全国范围来看，融资平台公司已经积累了大量的隐形债务，一旦担保企业无法偿还，地方政府债务风险将增加。政府承担最后的兜底责任，必然会给整个财政金融系统带来风险。

第二节　地方政府债务对经济运行的影响

一、地方政府债务对财政运行的影响

地方政府债务对地方财政运行产生了极大的影响。首先，地方债务的偿还需要依靠地方财政，尤其是作为主要偿债来源的土地出让金收入，地方政府主要以卖地的方式，将土地出让给商业企业用以建厂或者是房地产开发所用。在这样的背景下，如果房地产市场繁荣，房价高涨，必然会带动地价的高涨，从而地方财政收入得到扩充，还债压力减少。但是反过来，伴随着近年来宏观调控的影响，房价也出现了波动，土地出让金收入减少，从而造成了地方政府偿债压力的加大。众所周知，土地资源具有不可持续性，长期依靠土地出让金收入来扩充地方财政收入是不可以持续的，只有发展实体经济，营造良好的营商环境，才会实现地方经济长足发展，从而获得更多的税收收入。在发达国家，税收收入已经占到了政府收入的90%以上，而我国仅在70%～80%之间徘徊。财政收入结构不合理，需要进一步优化财政收入，从而实现财政收入增长的长效机制，提高地方政府偿债能力，降低政府债务风险。

二、地方政府债务对金融运行的影响

财政和金融一般是不可分开来谈的，地方政府债务对金融体统的运行

具有重要的影响作用。因为地方政府债务资金大多来自金融系统，一旦债务风险发生，必然会传导到金融系统，财政金融风险将会伴随发生。

（一）对银行系统的影响

由于我国国情的特殊性，商业性银行尤其是四大国有银行，在一定程度上承担着为地方经济发展提供资金支持的任务。因此，政府与银行之间的关系较为特殊，金融机构在进行贷款时，无法仅仅按照风险与收益的关系进行分配，存在一定的政治因素干扰。这就造成地方政府为了发展经济，通过各种行政手段干预商业银行决策，通过大量贷款拉动地方基础建设投资，以及为地方国有企业进行担保从而获得大量银行贷款，这就造成了贷款资金使用效率的降低，也带来了大量的隐形风险。政府对银行资源的挤占，使得中小企业贷款难的问题成为焦点所在。政府对金融机构的过分干预，产生了责任的越位和缺位，造成了资金使用效率的低下以及债务风险和金融风险的加剧。

土地财政在一定时期内被热议，这是因为在地方财政收入的构成中土地财政占据了重要的地位，而地方政府债务的偿还主要依靠土地出让金。但是，我们都知道土地资源是有限的，是不可持续的，长期依靠土地出让收入来维持经济发展的模式是不可行的。近年来，伴随着宏观调控政策的实施，地方房地产行业进入了低速增长期，未来将进入“后土地财政时代”，地方经济靠什么发展，地方债务靠什么偿还，地方财政金融的可持续问题将是永久的研究重点所在。

（二）对影子银行的影响

影子银行也称为影子银行体系，作为一个重要的金融学概念，起源于美国的次贷危机。中国影子银行同样起源于金融危机后的信贷激增，但与国外影子银行的非银行金融机构的银行高度资产证券化不同，中国影子银行体系是在利率未完全市场化、资本有限以及“二元金融体系”所形成的双轨制形势下产生的，造就了其独特鲜明的特征。国际学术界提出的监管和机构标准不完全适合于中国影子银行。监管标准方面，有些非银行金融机构如保险公司等受到监管，但其监管套利行为使监管机构愈发难以监管；机构标准方面，对银行一些表外业务的监管较难，但不应排除在影子银行之外。国际学术界提出的功能标准界定方法较为全面，目前国内影子银行主要有三种形式：银行理财产品、非银行金融机构贷款产品和民间借贷。影子银行的最大特征是游离于监管之外，具有违规、隐蔽、无序、高利润诱惑下的“铤而走险”等诸多特点，监管层难以摸清影子银行业务规模和各个环节的风险。中国影子银行体量巨大，发展迅猛。从发展趋势看，虽然当前影子银行规模在加杠杆部分由于去杠杆操作而大幅萎缩，但影子银行的内涵本质决定了其能够长期存在。

近几年，中国影子银行体系的增速始终超过经济及银行体系增速，折射出正规金融资金供给的短缺。从资金需求方看，不仅有大型企业和国有企业，中小企业、民营企业等这些长尾客户的资金需求也越来越强烈。中小企业、民营企业及高科技企业，或因为抵押品不足，或是由于规模较小，难以从银行通过正规渠道获得贷款资金。而“两高一剩”僵尸企业、地方一些融资平台、房地产企业，虽然是国家严格控制发展的产业行业，但这些行业要谋求逆境发展，融资饥渴及获取资金的愿望极其强烈。一旦传统银行业务模式远远无法满足这些融资需求时，金融服务的新的强烈需求便促使了金融的发展和金融创新业务的诞生。以影子银行作为代表，它是经济发展到一定阶段时金融服务需求多元化的产物，具有存在的客观性和合理性，并不会消亡。国家对银行等正规金融的监管趋严，只会从另一个方面给影子银行更多的发展空间和生存发展动力。近年来，银行贷款占比社会融资规模逐年下降，相反，信托贷款、委贷业务规模（量）却快速上涨，均已说明当前影子银行仍处于规模迅速扩大中。不仅如此，未来影子银行产品会不断创新，并涌现出新的形式。金融是创新和脆弱性的结合，金融创新越多，金融体系就越复杂和脆弱，给金融风险的防范带来巨大的挑战，更需要监管当局的关注和跟踪。

影子银行体系本身给银行带来的风险，一是坏账风险。与美国20世纪七八十年代大量非银行金融机构进入信贷市场并加剧市场竞争，从而使融资成本下降的情况不同，我国非银行金融机构的介入，非但没有与商业银行形成竞争关系，反而成了互补关系。实体经济对银行资金依赖性较强，同时，监管政策也禁止商业银行表内贷款投放地产公司、股市、期货市场及“三高一剩”等行业，但商业银行通过借道非银行机构，却实现了在这些行业领域的贷款投放。通过技术手段，商业银行将禁止准入行业的表内贷款转化为表外业务进行投放，相当于银行的“影子”、“银行的银行”，尤其是商业银行的这部分资金不再受存款准备金、资本充足率等监管指标和国家信贷政策导向等控制，资金来源实现了扩展，信贷投放规模得到增加。一方面，经济下行趋势下，地产等周期性行业企业风险增加，作为资产的委托方，商业银行回款困难；另一方面，在实体经济疲软、收益下降的时候，影子银行导致了资金脱实向虚，滞留在金融机构间循环空转，追逐高风险资产，投机套利，资金链条不断拉长，风险在金融领域不断积累。产品高风险必定高定价，这种类贷款抬高了资金成本，导致末端企业资金成本昂贵，增加了企业的还款压力。投资项目一旦出现风吹草动，银行可能就会产生坏账。产品定价方面，影子银行客户以零售业为主，高定价的理财产品虽然满足了投资者的投资意愿，但却抬高了银行资金的成本，降低了银行的利润率。由于刚性兑付和隐性担保风险剧增，商业银行盈利能力下降，最终不得不承担经营业绩下滑的风险。二是政策性风险。中国影子银行产品投向周期性行业和产能过剩行业，一旦经济出现下行压力，影子银行风险极易传递到银行，使银行资产受损。更为严重的是，由于利润较高、获利较快，产业资本出现向金融业渗透的苗头和趋势。虽然这种渗透在一定程度上能够带动产业发展，但是产业资本过度金融化，并以逐利为目的，不仅会严重影响企业的发展，而且还会加大监管的难度，放大风险。

三、地方政府债务对资金配置效率的影响

（一）地方政府投融资行为扭曲

地方政府债务对政府投融资行为具有扭曲作用，主要体现在：首先，政府对经济的过多干预。长期以来，我国地方政府缺位和越位问题严重，将大量资金投入到基础建设中去，挤占了民营资本发展的市场空间，而且也忽视了公共服务职能的履行，将更多的资金用在了经济建设上，片面追求 GDP 增长速度。其次，体现在经济政策的运用上。为了应对金融危机，我国于 2008 年出台了 4 万亿元经济刺激计划，各个省市大搞经济建设，这在一定程度上造成了债务率和房价的持续攀升。这些年，我国政府过多地应用投资拉动经济，虽然带来了一定时期内经济的繁荣，民生水平的提

高，但也不可否认地带来债务的高涨和产能的过剩。最后，体现在对实体经济的挤压上。为了满足地方政府的投资需求，银行将资金过多地向政府借贷倾斜，从而一定程度上造成了中小企业融资难的情况。不可否认的是，借了大量银行贷款的国有大中型企业，并不一定效率高，东三省地区国有企业倒闭现象层出不穷，由此带来了财政金融风险的发生，造成资金使用的浪费和低效率。

（二）地方政府投融资效率下降

我国经济的发展长期依靠投资拉动是不争的事实，政府资金的大量投入，必然会挤占民间资本的投入。这种政策在改革开放之初起到了一定的积极作用，拉动了经济增长，改善了人民生活。但是，其可持续性是受到质疑的。政府应该明确职责，做好更多的服务性工作，将市场让给民间资金，或者按照引导性基金的要求，政府资金只起到引领作用，在最后时期一定要适当退出机制。只有这样，政府资金的功能才能真正体现。长期的地方政府投资，带来的是资金使用的低效率。政府资金的使用不像私人资本，具有较高的监管机制，政府项目的投入存在着重复建设、资金投入向高耗能、高污染和产能过剩企业集中的问题，而且政府资金的使用面临的多头管理，必然在使用上存在着效率损失。因此，未来随着我国经济社会改革的深入，政府应该充分发挥市场的作用，从市场领域退出，履行好服务职能。

四、地方政府债务对经济增长的影响

（一）地方政府债务与经济增长的阈值效应

地方债务在经济发展初期能够成为政府手中有效的政策工具，通过贴现未来的现金流进行举债融资会提高经济增长速率。但随着资本边际回报率的下降，通过举债拉动投资并不能带来持续性的经济增长。先前积累的存量债务在经济下行期间会挤压经济体系中的流动性，甚至暴露出风险。因此，从长期来看，债务的持续增长往往不利于经济的发展。

1. “挤入效应”还是“挤出效应”

Reinhart & Rogoff（2010）指出，当债务水平占 GDP 的比重较低时，通常会“挤入”民间投资，刺激经济增长。但随着债务的不断积累，经济增速在下降，债务风险却在提高。而债务风险的提高会推高资本市场的利率水平，从而“挤出”私人投资，降低经济增速。因此，当政府债务对经济增长的边际贡献由正转负时，这一时刻的债务水平占GDP的比值称之为政府债务的阈值效应。实证研究发现，政府债务的门槛效应普遍存在。郭步超和王博（2014）发现，新兴市场国家政府债务转折点为125.90%～129.09%，显著高于发达国家的90%，主要原因是新兴市场国家的资本回报率较高。Kumar & Woo（2015）考虑了地方债务与经济增长的内生性问题后，同样发现债务门槛效应的存在。而决定政府债务与私人投资是“挤入效应”还是“挤出效应”的关键在于资本回报率与利率的相对大小关系。债务存量较低时，债务风险较小，社会投资的资本回报率较高，民间资本就会积极进入。当前的情况是，地方融资平台的存在使政府债务主要集中在此，流动性较差，“挤出效应”而带来效用损失。

2. 稳定的倒U型

稳定的倒U型关系，主要是指根据研究发现，我国地方政府支出增长率通常在官员任期的第3年或第4年最快，出现倒U型现象。由于新任官员在上任初期无法对当地经济社会发展情况进行全面了解，所以最初的1～2年的财政投入不大，但是随着对当地经济社会的充分了解，在上任的第3～4年的财政投入是最大的。而且，在地方官员的整个任期内的中间年份被提拔的概率是最大的。由此可见，地方经济发展和经济周期波动和地方官员的晋升之间存在着相关联系，地方官员可以通过地方政府举债等方式，影响到银行的信贷投放，从而影响到地区经济增长。因此，有效地界定地方政府举债规模，加强终身追责制的建设，不仅有利于有效控制债务风险，也有利于防止地方政府官员在任期内为了自身晋升盲目举债，片面追求GDP增长。

3. 危机：大而不倒

经过多年的投资拉动经济发展的计划，我国地方政府债务风险呈现出风险增加的态势，但是从总体情况来看，目前仍然在可控范围之内。我国政府（中央和地方）债务率低于世界上很多的主要经济体和发展中国家，低于国际警戒线以内的安全水平。2016年末，中央和地方债务余额是27.33万亿元，全国地方政府债务余额15.32万亿元，在全国人民代表大会批准的17.19万亿元限额以内。地方政府的债务率为80.5%，低于国际通行的警戒标准。政府债务的负债率是36.7%，低于欧盟60%的警戒线，也低于主要市场经济国家和新兴市场国家水平，政府债务风险总体可控，但同时也存在着较大的风险隐患，不容忽视。2018年全国政协十三届一次会议的记者会上，中央财经领导小组办公室副主任杨伟民指出，地方政府变换手段举债已引起中央政府的注意，地方政府隐性债务尤为值得关注。有些地方政府债务压力较大，远远超过其偿还能力，甚至已资不抵债，濒临破产。有些区域并没有摆脱土地财政依赖症，仍然依靠土地出让收入作为财政收入的主要来源。近年来，地方政府债务增速过快，远远快于中央政府债务增长。地方债务的过快增长是造成政府债务扩张的主要因素，这也是IMF和国际评级机构据此频频提示中国债务风险的原因。防范地方债风险，首先要从制度上下手。明确并量化各级领导干部地方债务管理工作制度，监督、管理责任到人，并将地方债务管理工作列入考核体系。对地方债实行规范性管理，实行总量控制，控制新的隐性债务增量，逐步化解其存量，质量把关，将债务真正用到切实改善民生、便民利民的项目上来。其次，要兼顾效益性原则，确保项目达成投产后带来可观的社会效益与经济效益。逐步优化贷款结构，并有序化解存量风险。更重要的是，坚持短期应对措施和长效机制相结合，疏堵结合，实行地方债的阳光化管理，依法加强地方政府的财政收入，从源头上降低地方债务增量的上升，并建立高效的预警体系，科学设定风险“预警线”。

（二）地方政府债务对经济增长的作用机制分析

1. 政府债务对利率产生的影响

由于我国日前利率还没有完全放丌，因此政府债务通过利率给我国金融系统带来风险的可能性较小。但是，由于各省区地方政府债务风险不同，东部省份债务率较低，因此其融资成本较国债基准利率来说，上调幅度较小，市场的认可度也较高，不存在流标现象。同样，对于债务率较高的东北各省份，其融资成本的上调幅度较国债基准利率来说更大，而且允许地方债发行以来，辽宁省出现了第一次流标现象。由此可见利率和地方政府债务之间的密切关系。同时，伴随着未来世界经济一体化改革的推进，财政赤字会从区域性的流动变成全世界范围内的转化，因此不管地方财政赤字还是国家财政赤字，都会对利率产生较大的影响。

2. 利率对通货膨胀的影响

利率对通货膨胀的影响体现在如果流通中货币过剩，那么就有可能出现通货膨胀。利率调整会影响流通中的货币量，所以会间接影响通货膨胀。例如，对于储户而言，存贷款的利率提高会使其多存钱赚取利息；相反，对企业贷款来说，利息就是成本，利率提高后成本就高了，贷款量就会减少。存钱的人多了，贷款的人少了，流通中的货币量就少了，对通货膨胀会有一定的调节作用。又如，如果我们国家这段时间 CPI 偏高，国家紧缩银根，就是为了控制流通中的货币量。通过利率、存款准备金率已经公开市场操作来对流通中的货币进行控制是很常见的货币政策。比如，央行通过下调准备金率，其实就是一种控制货币量从而影响整个宏观市场的表现。目前我国货币的两个重点趋势是，对外的升值和对内的贬值。从理论上讲，这两个趋势是有对冲效果的，但由于目前我国经济处在强劲增长中，所以，即使它们之间有对冲效果，也难以改变各自的趋势。

3. 通货膨胀对经济增长产生的影响

通货膨胀给国民经济带来各种不同的经济性的结果，其中最重要的是所得再分配、财富再分配和国际收支对经济产生的影响。首先，通货膨胀对所得再分配的影响体现在：通货膨胀使每月拿固定工资的劳动者进行所得再分配。因为与物价上升比起来，工资的上升较慢，名目工资即使有些许的上升，但实际工资是降低的，继而使所得从劳动者手中转移到了企业老板的手中，产生了所得再分配的效果。其次，通货膨胀对财富再分配产生的影响体现在：对于债务人来说是有利的，而对债权人是不利的。从某些方面来说，通货膨胀可以说扩大了财富的不均等，使得贫富差异日渐恶化。最后，通货膨胀对经济收支产生的影响体现在：因为通货膨胀促进了进口，但是抑制了出口，使得贸易收支和国际收支不同程度的恶化；鼓励消费但是抑制了储蓄，妨碍了资本的累积等原因导致了经济增长的低下。

第三节　辽宁地方政府债务风险分析

一、地方政府债务风险分析体系的构建——基于IMF债务风险预警分析体系

（一）地方政府债务风险预警体系

IMF债务风险预警体系对主权国债务的风险分析，主要分为三个方面。第一方面，对主权国债务水平的基础分析，主要包括对基础债务水平测算、融资需求测算、债务状况评价等。第二方面，对主权国债务总体情况进行审查度划分，通过第一方面对主权债务的全面分析，按照风险情况，将这些国家分为两类：一类是低审查度国家，一类是高审查度国家。第三方面，根据第二部分对债务风险级别的分类，对于高审查度国家的风险进行深入分析，即对其风险进一步识别，并分析其产生的原因，做出预警报告，提出化解风险的政策建议。

本研究在IMF债务风险预警体系的基础上，对有些指标进行了简单的删减和修改，使其更适于研究地方政府债务风险。图1.2是基于IMF风险预警分析体系的地方政府债务风险预警体系，主要包括三方面内容：一是基础分析，包括对地方政府债务的债务水平测算、融资需求测算，以及市场认可度的评估；二是审查度分析，根据第一部分的指标测算结果，将地方政府债务风险分为低审查度地区和高审查度地区；三是债务风险预警分析，按照风险冲击的不同类型，对于高审查度地区的地方政府债务进行债务风险冲击测算，并相应地对风险预警进行了分类，分别为低度风险、中度风险和高度风险。

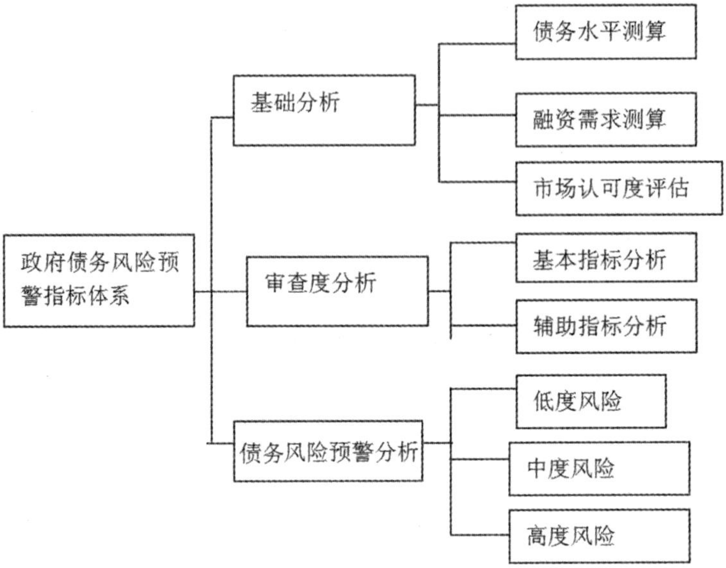

图 1.2　地方政府债务风险预警体系

（二）地方政府债务风险预警分析——基础分析

1. 债务水平的测算

债务水平的测算主要从地方政府债务规模和结构两方面对全国各省地方政府债务有一个初步的测算。

（1）地方政府债务规模情况

从全国各省地方政府债务规模来看，如表 1.3 所示，地方政府债务规模从 1996 年的1502.37亿元，增加到 2017 年的164706亿元，债务规模是 1996 年的 110 倍。这里的主要原因在于，2008 年出台的 4 万亿元刺激经济增长的计划，以及之后各省市大量融资平台公司的兴起，造成了地方政府债务规模的急剧攀升。2014 年“43 号文”出台，剥离了融资平台的举债功能，2017 年“50 号文”出台，进一步规范地方政府举债融资行为，地方政府债务融资逐步趋于规范化。

表 1.3　地方政府债务规模、增长率与负债率

年　份	地方政府债务（亿元）	债务增长率（%）	名义 GDP（亿元）	负债率（%）
1996	1502.37	NA	71176.6	2.11
1997	1875.26	24.82	78973	2.37
1998	2779.13	48.2	84402.3	3.29
1999	3705.14	33.32	89677.1	4.13
2000	4939.69	33.32	99214.6	4.98
2001	6585.6	33.32	109655.2	6.01
2002	8779.92	33.32	120332.7	7.3
2003	11090.8	26.32	135822.8	8.17
2004	14009.89	26.32	159878.3	8.76
2005	17697.3	26.32	184937.4	9.57
2006	22355.23	26.32	216314.4	10.33
2007	28239.12	26.32	265810.3	10.62
2008	34869.67	23.48	314045.4	11.1
2009	56460.97	61.92	340902.8	16.56
2010	67109.51	18.86	401512.8	16.71
2011	80383.77	19.78	473104	16.99
2012	96281.87	19.78	519470.1	18.53
2013	114302.13	18.72	568845.2	20.09
2014	154000.00	34.73	636463	24.2
2015	160000.00	3.9	689052	23.2
2016	153200.00	−4.25	743585	20.6
2017	164706.00	7.5	827121	19.9

资料来源：《中国统计年鉴（1997—2018）》

（2）地方政府债务结构情况

①各省（直辖市、自治区）负有直接偿还责任债务概况

2017 年年底，地方政府总体债务的负债率（地方政府债务总额占 GDP 比重）为 19.9%，总体指标低于国际警戒线。从债务规模来看，截

至2017年年末，我国地方政府债务余额为16.47万亿元，地方政府债务率（债务余额/综合财力）为80.5%，具体到各个省（直辖市、自治区），债务余额规模差距较大。如表1.4所示，从2016年年末各省负有偿还责任债务余额的规模来看，东部明显高于中部和西部地区，其中排在最后一位的宁夏为1175.44亿元，江苏省最大，为10915.35亿元，是宁夏的9.3倍。排在前六位的分别是江苏、山东、贵州、辽宁、广东和浙江等省份，由此可见，除了贵州、辽宁两省外，债务规模较大的均为东部沿海发达省份。

从我国各省（直辖市、自治区）债务规模的增长速度来看，各省（直辖市、自治区）间增速差距较大。测算债务规模增速，考虑到数据的完整性，各省（直辖市、自治区）均选取2013年6月的债务规模作为基期，2016年年末的债务规模作为末期。测算方法是：（末期债务规模/基期债务规模）∧（1/n）－1，其中n为相隔年份。由表1.4可知，债务规模增速最快的宁夏，年均增速为33%，其次是广西为30%，山东为28%，福建为26%；出现负增长的省市为上海－5%和北京－17%。由此可见，近年来，北京、上海财政收入形势较好，同时加强控制存量债务规模，债务余额持续减少。

表1.4　2013—2016年地方政府负有偿还责任债务余额情况及年均增速情况

	2013年6月	2014年12月	2015年12月	2016年12月	年均增速
江苏	7635.72	10,643.30	10,556.26	10915.35	0.13
山东	4499.13	9,252.80	9,533.80	9444.40	0.28
贵州	4622.58	8,774.28	8,754.81	8721.07	0.24
辽宁	5663.32	—	9,138.70	8526.20	0.15
广东	6931.64	—	9,141.60	8392.39	0.07
浙江	5088.24	8,939.30	9188.30	8389.90	0.18
四川	6530.98	7,485.00	7,808.00	7,812.00	0.06
湖南	3,477.89	6,267.29	6,152.22	6,753.00	0.25
云南	3823.92	6,009.00	6,628.60	6,353.20	0.18
河北	3962.29	5,479.02	5,888.00	5691.30	0.13
内蒙古	3,391.98	5,474.30	5,675.50	5,677.36	0.19
河南	3,528.38	5,339.80	—	5524.90	0.16

续表

	2013 年 6 月	2014 年 12 月	2015 年 12 月	2016 年 12 月	年均增速
安徽	3077.26	4,724.70	5,107.20	5320.00	0.20
湖北	5,150.94	4,437.48	4,697.50	5103.70	0.00
陕西	2732.56	—	4,681.30	4,906.40	0.22
广西	2070.78	4,286.79	4,043.79	4,566.63	0.30
福建	2453.69	4,159.99	5,051.30	4966.30	0.26
上海	5194.30	5,812.50	4,880.00	4485.50	−0.05
江西	2426.45	3,681.20	3,905.20	3,956.78	0.18
北京	6,506.07	6,378.37	5,729.09	3,743.46	−0.17
重庆	3575.09	3,250.40	3,412.40	3,737.10	0.01
黑龙江	2042.11	—	3,165.00	3120.00	0.15
天津	2,263.78	—	2,592.00	2913.00	0.09
吉林	2580.93	2,696.90	3,018.70	2,896.07	0.04
新疆	1,642.35	2,658.70	2,633.40	2,836.90	0.20
山西	1,521.06	1,951.80	2,122.80	2,290.93	0.15
甘肃	1221.12	1,550.50	1,588.00	1,778.00	0.13
海南	1,050.17	1,321.70	—	1560.00	0.14
青海	744.82	1179.80	1235.40	1,339.09	0.22
宁夏	502.20	978.48	1,138.90	1,175.44	0.33

资料来源：wind 数据库相关数据计算而得。

②各省份债务结构情况

近年来对各省的债务结构的统计数据较少，因此从数据可获得性角度出发，从 2013 年 6 月末的审计数据来看，其中北京负有偿还责任的债务占到了 86.13%，债务率较高，而天津、广西等 7 个省（直辖市、自治区）虽然负有偿债责任的债务占比不到 50%，但是负有担保责任的债务占比较高。2018 年 10 月，财政部设立地方全口径债务监测平台，要求地方政府上报隐性债务情况，进一步加强地方政府债务管理。随着“43 号文”的出台和相关政策的实施，地方政府债务管理逐步规范化，尤其是显性债务的限额管理的实施。但不容忽视的是，主要包括国有企事业单位等替政府举借，由政府提供担保或财政资金支持偿还的债务；政府在设立政府投资基金、开展政府和社会资本合作（PPP）、政府购买服务等过程中，通过约定回购投资本金、承诺保底收益等形成的政府中长期支出事项债务等，这些隐性债务的大量存在给地方政府债务体系带来了极大的风险隐患，一旦发生违约风险，势必会引起财政风险和金融风险。因此，作为地方政府，不仅需要关注显性债务，也要加强隐性债务的监测和管理，全面防范地方政府债务风险。

③基层政府压力较大

从地方政府层级来看，各层级政府债务增长速度较高，其中县级政府债务的增速最快。近年来，县乡支撑产业发展不足，县乡人才流出问题严重，而县乡财政又担负着关键的民生支出责任，这就造成了县乡财政收入的严重不足，而财政支出却逐年增加的现状。加之，由于事权与支出责任的不对等，县乡财政体制的不完善，县乡财政困境更为严重，县乡负有的偿还责任占比普遍偏高。

④公益类项目是债务资金的主要投向

目前债务资金的投向仍然是公益类项目，即具有公共产品性质且市场不愿意主动承担的项目。例如，交通运输项目、基建类项目等。而一般由于这类项目有稳定的收入来源，所以债务的偿还也较为稳定。在土地收储项目上，由于以前都是由融资平台来操作，一般依靠土地出让金来偿还，土地出让金所占偿还比例达到了90%，未来面临着土地资源的有限性，后土地财政时代将会到来，无法再依靠土地出让金来偿还政府债务，政府债务到期偿还风险加大。近年来，政府不断加大对保障性住房的建设投入，政府在其中负有偿还责任的比重有所提升，偿债压力有所加大。

2. 融资需求测算

融资需求反映的是当年的地方政府财政收入无法满足支出的部分，由于或有债务的数据较难获得，因此，本研究的融资需求测算只考虑一般公共预算赤字情况。2016年年底各省的预算赤字情况，如图1.3所示，其中排在前五位的是四川、河南、湖南、湖北和云南，由此可见这些省份大部分为经济欠发达地区，地方财政支出需要依靠中央的转移支付。

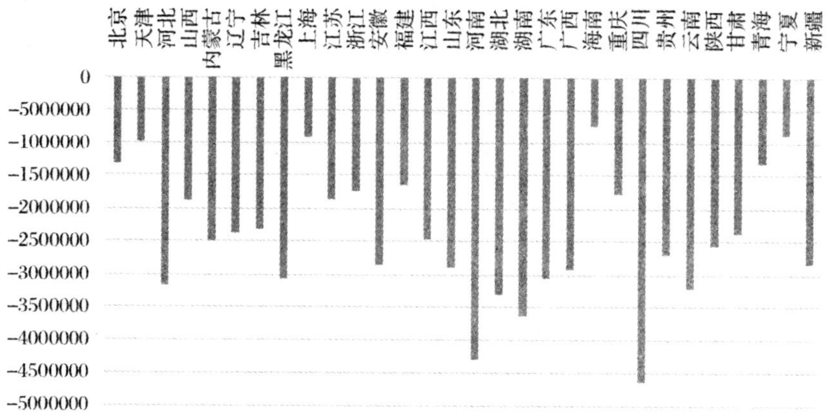

图 1.3　2016 年全国各省（直辖市、自治区）一般公共预算赤字情况

3. 市场认可度评估

IMF 评价体系中，对于债务状况的评估，主要利用市场认可度、外部融资需求和债务结构三个辅助指标进行。一方面，IMF 外部融资需求指标主要从外债到期偿付额度角度来测量，而目前我国各地方政府基本没有外债，所以外部融资需求风险较小，在本研究的指标考核中将不予考虑。另一方面，IMF 债务结构指标主要从债务的期限结构、持有人情况等进行分析测算，但从我国地方政府债务的公开情况来看，资料较难获取，因此也不做考量。债务状况的评估主要从市场认可度方面进行评估。

IMF 市场认可度的测算，利用的是地方债发行利率与国债利率的对比值表示。2014 年，经国务院批准，上海等地开展试点地方政府债券自发自还，这标志着中国地方政府自主发债的时代已经到来，经过几年的发展，地方政府债债券市场取得了长足的进步。这对于发展地方债债券市场，规范我国地方政府举债途径，提升债务透明度，降低举债成本等具有重要意义。但是，地方债市场的发展也面临着一些重要挑战，如投资结构较为单一、流动性不足、市场化程度不高等问题。近年来，市场化定价机制对地方政府债券发行利率走势的作用不断增强，投资者对地方债的认可度也较高，发行利率与同期国债相比，高出 20～50BP。不过，考虑到大量隐性债务的存在，市场对地方债的实际认可度的评估较难确定。

2016 年我国地方债发行利率在 2.3%～3.6%之间，整体平均利率（注：算术平均值）为 2.93%，相比国债利率要高，而且信用风险对地方债定价影响十分突出。2016 年地区之间地方债发行利率走势表现出了明显的差异，内蒙古、黑龙江、辽宁等经济增长下滑、债务负担较重的地区发行利率明显较高，与国债的利差也明显较高。

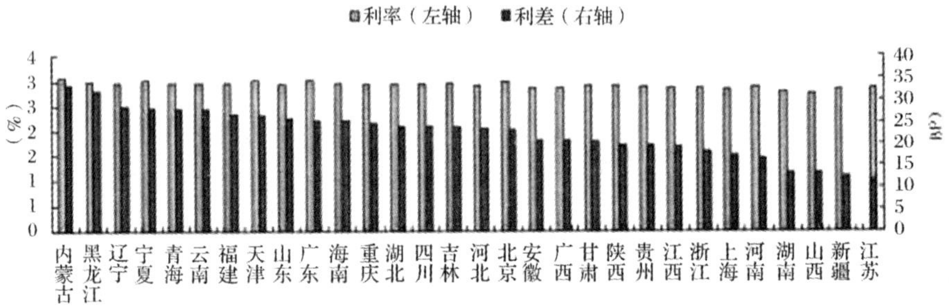

图 1.4　2016 年各地区地方债券平均利率和利差

（三）地方政府债务风险预警分析——审查度分析

通过以上的基础分析，我们根据地方政府性债务风险预警指标体系的设计，以 2016 年为样本，对 31 个省（直辖市、自治区）进行审查度分析，主要从债务占 GDP 比重、融资需求占 GDP 比重、财政收入变异系数和经济增长变异系数，四个指标进行审查。

1. 审查度的基本指标

审查度的基本指标包括债务水平和融资需求水平。一方面，从债务水平来看，根据国际通行的警戒标准，IMF 规定的政府总负债率的警戒线为 60%。由表 1.5 可知，我国大多数省（直辖市、自治区）仍处于可控水平，超过 50%的有两个省份，贵州省负债率最高为 74%，青海为 52%。另一方面，从融资需求来看，在 30 个被统计的省（直辖市、自治区）中，共有 19 个省（直辖市、自治区）的融资需求指标超过了 IMF 规定的 10%的阈值，其中，青海融资需求占 GDP 的比重最高为 50%，甘肃、云南、贵州、黑龙江、宁夏和新疆也超过了 20%。由此可见，融资需求比重较高的省（直辖市、自治区）主要集中在经济发展较为落后的西部和东北部地区。这些省（直辖市、自治区）的共同特点为，经济发展较为滞后，财政支出对中央转移支付的依赖性较大。因此，这些省（直辖市、自治区）可能通过债务融资的方式弥补财政收支缺口，加大债务风险。

表 1.5　2016 年各省（直辖市、自治区）的审查度分析结果

	债务/GDP	融资需求/GDP	财政收入变异系数	经济增长变异系数
北　京	0.15	0.05	0.23	0.06
天　津	0.16	0.05	0.26	0.14
河　北	0.18	0.10	0.93	0.18
山　西	0.18	0.14	5.06	0.48
内蒙古	0.31	0.14	0.64	0.12
辽　宁	0.38	0.11	−2.40	1.03
吉　林	0.20	0.16	1.00	0.17
黑龙江	0.20	0.20	−8.75	0.25
上　海	0.16	0.03	0.42	0.06
江　苏	0.14	0.02	0.30	0.07
浙　江	0.18	0.04	0.20	0.06
安　徽	0.22	0.12	0.42	0.10
福　建	0.17	0.06	0.55	0.12
江　西	0.21	0.13	0.41	0.05
山　东	0.14	0.04	0.20	0.10
河　南	0.14	0.11	0.48	0.06
湖　北	0.16	0.10	0.30	0.08
湖　南	0.21	0.12	0.38	0.11
广　东	0.10	0.04	0.24	0.06
广　西	0.25	0.16	0.50	0.14
海　南	0.38	0.18	0.42	0.18
重　庆	0.21	0.10	0.42	0.06
四　川	0.24	0.14	0.63	0.12
贵　州	0.74	0.23	0.48	0.08
云　南	0.43	0.22	1.20	0.23
陕　西	0.25	0.13	0.32	0.18
甘　肃	0.25	0.33	0.41	0.18
青　海	0.52	0.50	0.91	0.12
宁　夏	0.37	0.27	0.52	0.11
新　疆	0.29	0.29	1.23	0.15

资料来源：通过 wind 数据中的数据计算而得。

2. 审查度的辅助指标

IMF 审查度辅助指标主要包括，债务结构（公共债务中非居民的持有比重、公共债务中外币债务比重、公共债务中短期债务比重的年度变化值）、外部融资需求占 GDP 比重、地区经济增长变异系数和地区财政收入增长变异系数。根据我国地方政府债务公开情况，债务结构数据较难获取，而目前地方政府外部融资占比较低，因此不考虑前两项辅助指标。作为本研究的审查度辅助指标，只考虑地区经济增长变异系数和财政收入增长变异系数。

经济增长变异系数是指年度内季度经济增速的累积同比变异系数。根据地方政府债务数据的统计年限，本研究选取 2013－2016 年 4 年内 16 个季度的经济增长变异系数。如表 1.5 所示，以 1 作为变异系数参考的阈值，可见各省的经济增速整体保持稳定，只有辽宁的经济增长变异系数 1.03 超过了阈值，排在第二位的是山西省 0.48。

财政收入变异系数是指年度内月财政收入增速的累积同比变异系数。本研究选取 2013－2016 年 4 个年度内 48 个月财政收入增速的累计同比的变异系数。如表 1.5 所示，财政收入变异系数超过阈值 1 的有黑龙江、山西、辽宁、新疆、云南和吉林六个省区。

由此可见，近年来东北地区和山西省是经济增长和财政收入波动最大的省份。2016 年在全国 31 个省、自治区和直辖市经济增速排名中，辽宁－2.5%，排名 31 名，山西 30 名，黑龙江 29 名；2016 年 31 个省区市的财政收入增速，山西、新疆、黑龙江都是负增长，辽宁财政收入仅增长 3.4%。这里的主要原因在于这些省（直辖市、自治区）大部分属于重工业依赖比重大和资源枯竭性地区，面临着经济增速放缓、产业转型压力大、债务率攀升等多重压力。

3. 审查程度划分结果

IMF 审查程度划分结果，主要就是根据审查度基本指标和审查度辅助指标的测算结果将审查地区划分为高审查地区和低审查地区。判断标准为：债务规模占 GDP 的比重超过 50%，融资需求占 GDP 的比重超过 10%，辅助指标财政收入变异系数和经济增长变异系数超过 1，四个指标中只要有两项超过阈值则即视为高审查度地区。由表 1.4 可知，债务指标超过阈值的有贵州和青海，融资需求指标超过阈值的有辽宁、山西、青海等 19 个省（直辖市、自治区），辅助性指标超过阈值的有黑龙江、山西、辽宁、新疆、云南等 6 个省（直辖市、自治区）。综上，被列为高审查度的地区共有七个：山西、辽宁、黑龙江、贵州、云南、青海和新疆。

二、辽宁省地方政府债务风险预警分析

风险预警分析是地方政府债务风险预警体系的核心内容，主要作用在于通过对未来经济形势、财政收入合理预测的基础上，对高风险地区债务在不同风险冲击的情景下，进行风险再测评，即债务压力测试，并给出预警提示。通过分析可知，高审查度地区有七个，而辽宁是唯一三个指标都超过阈值的地区。

（一）辽宁省地方政府债务风险的现状

近年来，辽宁经济呈现连续负增长，除因产业结构不够合理、民营经济不够发达、人口持续流出等因素外，还有一个重要原因是政府债务率居高不下，过高的债务率致使政府通过债务投融资的能力受到了一定制约，导致资金流入减少，进一步加剧了经济的不景气，形成了恶性循环。

1. 辽宁省地方政府债务规模偏大，余额略有缩减

2016 年，辽宁省（含大连市）地方政府债务限额为 9261.7 亿元，全省发行地方政府债券 2817.1 亿元，其中，置换债券 2707.8 亿元，新增债券 109.3 亿元。从地方债发行规模来看，2016 年共有 35 个省（直辖市、自治区）市发行了地方债，辽宁省发行地方债券 2817.1 亿元，规模在全国排名第六位，虽然与规模最大的江苏省 4511.75 亿元有较大差距，但是相对于经济发展实力和综合财力水平来说，规模偏大；从新增债券规模来看，辽宁省新增债券 109.3 亿元，额度未超过 2016 地方债限额 9261.7 亿元与 2015 地方债务限额 9138.7 亿元之差，新增债券规模较小，远低于排在前三位的江苏省 873.7 亿元，山东省 701.2 亿元，广东省 631.9 亿元；从地方政府债务余额来看，初步统计，2016 年末全省地方政府债务余额为 8525.2亿元，较 2014 年的8765.5亿元、2015 年的8718.5亿元有所缩减，但幅度较小。

表 1.6　　辽宁省地区政府债务余额及债务率情况统计　　单位：亿元

	2012 年	2013 年 6 月	2014 年	2015 年	2016 年
政府债务余额	5148.65	5663.32	8765.51	8718.5	8525.2
债务率%	68.78%	—	131.97%	157.7%	133%

资料来源：政府债务余额数据来自辽宁省财政厅官方网站，债务率数据来自“21世纪经济报道”。

2. 辽宁省地方政府债务率攀升，已经超过 100%的警戒线

辽宁省地方政府债务率在 2012 年和 2013 年一直控制在 100%以内，处于合理范围，与全国 31 个省（直辖市、自治区）相比，位于中游。但是，2014 年有了跳跃式增长，债务率激增达到 132%，超过了 100%的警戒线，2015 年债务率较 2014 年又扩张了 25 个百分点达到 157%，仅低于贵州省，全国排名第二。2016 年债务率有所回落，约为 133%，但债务风险依然较大。由于债务率较高，国家核定辽宁省新增债的额度相对较少，因此通过新增债发行来增加地方政府事业发展资金的方式受到了极大限制。

3. 辽宁省地方债发行利率偏高，与国债利差明显

2016 年全国地区间地方债发行利率走势差异性明显，由于辽宁经济增长下滑、债务负担较重等原因，地方债信用资质趋于弱化，发行利率较其他省份普遍偏高，与国债利差也较为明显。辽宁地方债发行利率相较同期国债上浮较多，平均利差位于内蒙古和黑龙江之后，在全国排名第三位。自 2015 年 9 月以来，辽宁省地方债公开发行利率就一直高于全国其他省份，2016 年其公开发行利差为 30～35BP（高于国债利率 30～35 个基点）。

4. 地方政府融资平台融资功能受限，融资平台转型迫在眉睫

2014 年之前，辽宁省地方政府融资平台的举债模式除传统银行贷款外，主要是标准化的城投债融资和以信托、资管计划为主的非标融资。2014 年 10 月财政部发布“43 号文”，明确提出剥离城投公司的政府融资功能。2015 年新预算法执行，将地方融资平台依靠政府信用融资的渠道进一步切断。辽宁融资平台企业与地方支柱产业紧密相关，受到东北特钢违约事件及经济下行压力影响，部分企业债券发行利率上升，融资成本升高。虽然融资平台企业积极拓展物流、金融板块，整合区域准公益性业务来探

索市场化转型，但整体转型效果不显著，转型压力依然较大。

（二）辽宁省地方政府债务风险预警分析

1. 辽宁省财政收支增长趋势预测

根据大量统计研究，财政收入增速与GDP增速之间、财政支出增速与GDP之间存在着相对稳定的正相关线性关系，利用1990—2016年辽宁省地方财政收入、财政支出和GDP的数据，对财政收入、财政支出、GDP进行对数差分，剔除单位根，GG代表GDP的增速，CZG代表财政收入增速，CFG代表财政支出增速。通过STATA软件对辽宁财政收入与GDP，辽宁财政支出与GDP进行回归分析，OLS回归结果如下：

$$GG=0.453611\times CZG$$

$$GG=0.890561\times CFG$$

VARModel—结果如下：

$$GG=0.722613597032\times GG(-1)+0.0277569672087\times GG(-2)+0.209359501692\times CZG(-1)+0.153858503857\times CZG(-2)-0.0292811597565$$

$$CZG=0.12396165778\times GG(-1)-0.110870254653\times GG(-2)+0.0430023623177\times CZG(-1)+0.422205339884\times CZG(-2)+0.0492670268348$$

根据李京文《21世纪中国经济长期预测（2000—2050年）》的预测，我国2011—2050年GDP增长率如下：2011—2020年为6.4%，2021—2030年为5.4%，2031—2040年为4.9%，2041—2050年为4.3%。参考《辽宁省政府工作报告》对2017年地区生产总值的预测为6%左右，取平均值得到2017—2020年的GDP增速预期为6.2%，2021—2030年GDP增速为5.7%。根据此指标，预测辽宁省2017年到2030年的财政收入的预期如表1.7所示。

表 1.7　　2012—2030 年辽宁省地方财政收支状况预测　　单位：亿元

年度	GDP	财政收入	财政支出
2017	23626.21	2262.37	4830.055
2018	25091.03	2326.00	5096.577
2019	26646.68	2391.42	5377.806
2020	28298.77	2458.67	5674.554
2021	29911.80	2522.24	5962.424
2022	31616.77	2587.46	6264.898
2023	33418.93	2654.36	6582.716
2024	35323.81	2722.99	6916.657
2025	37337.27	2793.40	7267.539
2026	39465.49	2865.62	7636.221
2027	41715.02	2939.71	8023.607
2028	44092.78	3015.72	8430.644
2029	46606.07	3093.70	8858.331
2030	49262.61	3173.69	9646.722

2. 辽宁省地方政府债务增长预测

辽宁省地方政府债务从 2013 年 6 月的5148.65亿元，增加到 2016 年底的8 525.2亿元，年均增速为 15%，但是近两年来地方政府债务都呈现出了负增长。这里的原因在于地方政府债务限额管理的实施，导致辽宁作为负债率较高的地区能够利用新增债务融资的空间减少。另外，根据国家当前对或有债务加强管理的相关文件精神，考虑到未来可能会有一部分的或有债务转化为地方政府债务。因此，综合多种因素的影响，假定未来 5 年地方政府债务规模的增速分别为 10%，8%，6%，4%，2%。

3. 辽宁省债务风险冲击的类型

IMF 在债务风险冲击情景下设置了财政盈余冲击、经济增长冲击、融资利率冲击、汇率冲击和或有债务冲击五种类型。根据本课题的研究范围，主要设计了以下三种情景：第一种情况是基准情景，也就是在没有任何较大冲击的正常情况下，地方政府债务风险的情况。第二种情况是在财政盈余冲击情景下，地方政府债务风险的情况。选取近十年地方政府性财政赤字的标准差的50%、基础情景中预测期每年相对上一年增加值的50%这两个指标中的最大值作为标准；第三种情况是在经济增长冲击的情景下地方政府债务风险的情况。选取过去十年经济增速的标准差为标准。按照以上标准，计算出辽宁省地方政府债务在三种假定风险冲击下得到的风险预警分析结果，如表1.8所示：

表1.8　　辽宁省地方政府债务风险预警分析结果

指标	情景假定	2017	2018	2019	2020	2021	最大值
债务规模/GDP	基本情景	48%	53%	55%	58%	60%	60%
	财政盈余冲击	50%	55%	58%	60%	61%	61%
	经济增长冲击	55%	65%	68%	70%	71%	71%
融资需求/GDP	基本情景	10%	11%	12%	13%	13%	13%
	财政盈余冲击	12%	13%	13%	14%	14%	14%
	经济增长冲击	11%	12%	12%	13%	13%	13%

4. 债务风险预警的分级标准及结论

根据IMF对债务风险预警的分级标准，如表1.9所示，债务水平的划分阈值为70%，融资需求的划分阈值为15%。根据基础情景指标和风险冲击后指标的情况，将风险预警等级分为低风险、中等风险和高风险。

表1.9　　地方政府债务风险预警划分标准

指标	债务规模/GDP	融资需求/GDP
低风险	基准情景<70% 且风险冲击后<70%	基准情景<15% 且风险冲击后<15%
中等风险	基准情景<70% 但风险冲击后>70%	基准情景<15% 但风险冲击后>15%
高风险	基准情景>70% 且风险冲击后>70%	基准情景>15% 且风险冲击后>15%

对照表1.8和表1.9可知，未来五年辽宁省地方政府债务风险预警分析的结果为，辽宁省债务水平指标在经济增长的冲击下超过了阈值70%，处于中等风险区域；而融资需求指标在基础情景下和风险冲击下均未超过15%，处于低风险区域。总之，未来五年，如果面临经济衰退的冲击，辽宁将会面临较大的地方政府债务风险。因此，应该积极采取措施，从经济

可持续增长角度出发，更好地防范地方政府债务风险的发生。

（三）地方政府债务风险产生的主要原因分析

通过地方政府债务风险预警体系对辽宁省地方政府债务风险的分析测算可知，辽宁省处于中等债务风险地区，而主要的风险冲击来自于经济增长的冲击，根据此结论分析其产生的主要原因有以下几方面：

1. 辽宁省财政收入和政府性基金收入大幅度下滑

辽宁省地方政府债务率的攀升，最主要的原因不在于新增债务的增加，而是地方财政收入和政府性基金收入大幅度下滑。在地方政府财政收入方面，2014 年辽宁省一般公共预算收入首次出现负增长－4.6％，2015 年延续 2014 年负增长的态势，一般公共预算收入为 2125.6 亿元，同比下降 33.4％，2016 年一般公共预算收入触底回升，完成 2199.30 亿元，同比增加 3.4％。在政府性基金收入方面，由于受到房地产市场不景气、土地出让面积和交易额大幅度下滑的影响，土地出让收入缩水，政府性基金收入连年萎缩。2015 年，辽宁省政府性基金收入 907.7 亿元，下降 42.6％；2016 年政府性基金收入仅 722.9 亿元，下降 20.5％。

2. 辽宁省债务资金的举债、使用、偿还存在较多问题

首先，辽宁省债务资金来源渠道较为狭窄，主要依赖银行，单一的融资渠道不利于充实资金储备，增加了筹资成本，也加大了偿债风险；其次，在债务的使用上，举债主要投向于基础设施建设、土地收储以及公益性项目。项目存在周期长、盈利能力弱的特点，加之融资平台管理的不规范，增加了政府债务风险；最后，部分政府债务资金未及时有效地安排使用，在一定程度上存在着债务资金使用效益低、浪费严重等问题。

3. 辽宁省地方政府债务预算管理不到位，公开程度低

将地方政府债务纳入预算管理，是有效控制债务规模和结构的关键所在。辽宁省地方政府债务虽然已经纳入预算，但是关于政府债务的详细信息并未完整、明确反映，相关信息和报告也未向社会公开，这造成了一方面投资者和债务评级机构无法对政府偿债能力做出准确判断，给债券的市场化定价造成困扰；另一方面社会公众对地方政府债务情况无法进行有效监督和约束，造成债务监管不到位。

4. 辽宁省存在数据虚报等问题

辽宁省地方政府债务率的攀升，还与数据虚报造成的假象有一定的关系，因此应该客观处理数据所呈现的结构。2014 年政府债务余额和债务率的极速攀升，有部分原因在于 2011—2014 年存在虚报财政数据的现象，而近两年来，辽宁省各级政府大力挤压财政水分，做实财政收入，这也造成了地方政府债务率的被动攀升。

三、化解辽宁省地方政府债务风险的政策总结及建议

辽宁省处于地方政府债务中等风险地区，影响其债务风险最关键的因素在于经济增长的冲击。因此，如何更好地优化财税政策，促进经济可持续增长，是多渠道化解辽宁省地方政府债务风险的关键所在。

（一）稳步推进供给侧结构性改革，实现辽宁省财政收入持续增长

财政收入的持续增长，是确保偿债来源、防范债务违约风险的关键所在，因此，要确保省级政府税收收入和中央财政转移支付的稳定增长。伴随着《关于全面振兴东北地区等老工业基地的若干意见》《推进东北地区等老工业基地振兴三年滚动实施方案》《东北振兴“十三五”规划》等一系列支持东北政策方案的出台和落实，辽宁省加大供给侧改革力度，调整优化产业结构，2016 年实现了财政收入的正增长。未来应开拓税源，努力壮大地方财政实力。一方面，辽宁省各级政府积极推进简政放权、放管结合、优化服务的制度供给改革，营造良好的营商环境，吸引更多的优质项目落户辽宁；另一方面，围绕“三去一降一补”五大任务，促进辽宁经济结构优化调整，激发辽宁省经济发展的新动力，实现财政收入的持续增长，增强地方政府对债务风险的抵御能力。

（二）组建企业集团，推进混合所有制改革

辽宁省已经开始通过组建企业集团，加速推动国有企业改革，通过积极盘活政府资产来化解政府债务。2016 年 4 月，辽宁省交通建设投资集团成立，标志着辽宁省高速公路建设开启市场化发展新模式。2016 年 10 月，辽宁集中出让省交投集团、省水资源集团、辽宁能源集团等 7 家企业 20% 的股权，全面推进混合所有制改革。通过上市公司股权转让、产权交易所挂牌等国有资产转让方式，积极推动国资改革，这样一方面补充企业资

本，另一方面以存量国有资本为引子，吸引更多的社会资本投入，从而带动国资、民资和外资的融合发展，有效降低企业资产负债率和政府债务率。2017年，建议辽宁省将组建企业集团和资产转让的成功经验总结并推广到各市，促进各市开展企业集团的组建，进一步推进混合所有制改革。

（三）稳步有序推进PPP项目，吸引更多社会资本

辽宁省委、省政府高度重视PPP（政府和社会资本合作）项目，省政府成立了PPP工作领导小组，由省发改委设立的投融资协调处负责相关工作。据财政部全国PPP信息平台项目库显示，目前辽宁省共推出PPP项目451个，项目金额共计4 807亿元。截止到2016年底，已经有16个项目签约落地，总投资达到294亿元，另有60个项目取得较大进展。但由以上数据可知，落地项目仅占项目总额的3.5%，绝大部分的PPP项目尚未落地。未来应该进一步加强对PPP工作的规范和指导，开展PPP相关工作的培训，适时进行项目推介活动，通过搭建各类对接平台，吸引更多的社会资本，积极推动项目落地实施。另外，对于中央出台的各类奖补政策，应该积极争取，用足用好，并根据辽宁省自身发展情况，制定我省奖补政策，进一步鼓励运用PPP模式，解决建设资金不足问题，将PPP模式推广运用情况纳入对各市政府的绩效考核范围。

（四）科学发行置换债券，化解存量债务

发行地方债券置换存量债务，有利于保障地方在建项目融资和资金链不断裂，帮助腾出部分资金支持重点项目建设，促进“稳增长、调结构、惠民生”；有利于适当延长债务偿还期限，缓解辽宁目前债务偿还集中、政府压力大的问题；有利于降低地方政府债务违约概率，提高政府信用度、化解财政金融风险。2016年，沈阳市地方政府置换债券额度上限被核定为612亿元，上半年全市分三批累计发行地方政府债券390亿元。根据统计结果显示，被置换的存量债务成本下降约50%，每年节约利息支出约20亿元。

（五）加快融资平台公司市场化转型，促进投融资机制创新

加快推进我省融资平台公司市场化转型，地方融资平台转型应该与PPP模式推广有机结合起来，促进转型后的企业对经济发挥积极作用。一是融资平台公司以普通企业身份参与民生建设项目，项目资金可采用财政

拨款、企业融资、社会资本参与相结合的方式，平台公司对建成后的项目进行专业化管理；二是融资平台公司主导开发或者与专业领域国企和社会资本合作开发并运营公共资源项目；三是融资平台公司管理运营公益性国有资产，公益性国有资产的运营不以盈利为目的，而是要做好社会服务，保障民生；四是融资平台公司投资运营经营性国有资产。坚持市场化运作，充分发挥地方国资的杠杆作用，积极投资新兴产业，促进辽宁地方经济转型发展。

（六）建立债务风险预警机制，设立政府减债工作中心

辽宁省应该建立健全地方政府债务风险预警机制和应急处置机制，这是保证政府公共职能有效发挥的必要保障。各级政府应该成立以财政部门牵头的跨部门的减债工作中心，合理设定每年的减债目标，如10%；同时加强对债务风险的监控和管理，可依据风险程度将各级政府的债务风险分为红色风险、橙色预警和绿色可控三类，建立市县（区）债务风险预警约谈和考核问责机制等。

（七）建立“互联网＋债务”的地方债信息公开制度，接受社会监督

地方债务的信息公开，不仅是评级机构进行信息评级的基础，也是地方风险防控部门进行风险判断的依据。一方面，辽宁应该进一步加强政府综合财务报告的编制，报告应该包括地方政府债务的种类、未偿还的余额，地方政府债务还本付息的情况等地方债相关事项。另一方面，通过建立“互联网＋债务”的地方政府债务信息公开制度，对地方债公开的时间、主体、形式、范围、内容等做出详细的规定。作为发债的地方政府，应该在互联网上及时披露债务的基本信息、债券的价格变动情况以及基本财政运行情况等，实事求是，为防止虚假信息应建立相应的问责机制。

（八）加快建立偿债基金制度，确保偿债财源

偿债基金制度的建立，有利于保障地方政府偿债来源，缓解偿债压力。辽宁应该建立专门的偿债基金，可以借鉴国际经验，按照各地区地方政府债务风险等级的不同设定不同的偿债基金。偿债基金的来源也可以多元化，如地方财政收支盈余，预备费的结余部分、上级政府转移支付、各种资源性资产性收入等，均可按照一定比例纳入偿债基金。例如，重庆市规定各区县按照不低于上年度直接债务余额的3%（或当年财政收入的5%

~10%）的比例建立偿债基金。偿债基金要实施封闭式管理，禁止不合规提取和使用。

第四节　有效化解地方政府债务风险的政策建议

一、关于优化政府债务存量的建议

（一）引入 PPP 模式化解存量债务

近年来，随着“43 号文”的出台，融资平台公司逐渐淡出了历史舞台，而 PPP 项目成为目前政府融资的主要渠道。

首先，完善 PPP 的相关立法。只有这样才能真正保护 PPP 双方的利益，在 PPP 的执行过程中，严格按照合同执行，并且政府应该积极营造相关环境，利用财政补贴、税收优惠等方式吸引私人部门积极加入到 PPP 项目中来，防止目前参与者国有企业占比大、私人企业占比少的现状。只有通过立法才能真正保障私人利益，有利于 PPP 项目的可持续发展。

其次，项目的选择仍以公益性项目为主。PPP 项目作为政府融资的主要渠道，必然可以弥补市场的缺位，因此公益类项目仍然是 PPP 项目的首要投资目标，如市政建设、交通运输、保障性住房、土地收储等投资规模大、经济周期长的项目。

最后，PPP 项目参与者的选择。对于私人部门的参与，政府在采取优惠政策积极吸引私人部门投入到 PPP 项目的同时，也要对参与者进行严格审查，从而保证项目的实施质量和资金使用的绩效。引入私人部门进行合作，有利于公共部不断革新技术、改善管理、提高效率，从而有利于 PPP 项目整体的建设实施。PPP 项目双方也要按照合同要求，明确各自的责任与义务，并设定相关的制度保障，有利于双方的自我监督和相互监督。

（二）政府负有偿还责任的公益性项目可通过债务置换的方式偿还

2018 年是地方政府债务置换的收官之年，发行地方政府债券置换存量政府债务，是规范地方政府债务管理、防范化解存量政府债务风险的重要举措。在地方遭遇债务风险的情况下，尤其是在经济面临下行压力的大背景下，通过置换的方式化解债务风险最为有效。但是，与此同时必须规范各种制度和约束，避免地方政府趁机扩大债务，或变相扩大政府的债务风险。从总体上讲，对地方债的置换，还是要把握好力度和尺度，额度不能放得太大。不然，地方政府和银行都可能会通过新的渠道和通道增加新的债务风险，并直接影响货币政策的执行效果，无法使新增资金向实体经济倾斜，影响政策的作用效率。

（三）通过与银行谈判等方式化解与银行贷款相关的部分债务

由于历史原因，有一部分的政府债务，是银行贷款遗留下来的，这就可以通过与银行的谈判实现逐步化解债务的目的。通过与银行协商，进行债务重组，采取余额管理和限额控制相结合的办法，从而实现地方政府债务与地方经济发展与财政实力相匹配。

二、关于规范政府债务增量的建议

（一）深化财税体制改革，提高财政收入

继续深化财税改革，实现事权与支出责任相对等。通过各种财税政策，鼓励地方经济发展，只有经济发展了，才能不断扩充地方财政实力，从而更好地抵御风险的发生。另外，加大转移支付力度，加大一般公共预算转移支付比重，给地方政府更多的财权，有利于地方政府根据地方经济社会发展情况，做出更合理的决策。

（二）完善预算管理，规范债务资金

按照《新预算法》的规定，地方政府所筹集的债务资金只能用于基础建设等资本性支出，不能用于政府部门的经常性支出，所以，严格管理债务资金，防止随意挪用，要加大监管力度。另外，要加强由于经济人的原因造成的地方官员为了自身利益而加大负债，实行终身追责制。通过对《预算法》的严格执行，不断规范化政府债务资金的管理，从而有效控制财政支出。

（三）加强监管，提高资金绩效

必须不断完善中央和地方的风险预警监管体系，将地方政府债务风险控制在适当的范围内。通过有效的监管，才能真正提前发现问题，有效解决问题，尽力化解风险。另外，监管体系的完善使地方政府债务信息更加透明，接受全社会的监督，有利于不断提升政府债务管理部门自身能力，提高财政资金使用效率，也有利于有效约束政府债务部门的行为。

三、关于规范政府职能和行为方面的建议

（一）转变政府职能，创新地方政府融资机制

地方政府融资主要面临经济下行、税收改革致使地方政府本级财政收入明显放缓、土地出让收入大幅下滑、地方政府举债融资能力严重受限、稳增长下的基础设施投资融资缺口进一步扩大等问题，创新地方政府融资，统筹推进基础设施建设迫在眉睫。

1．政府职能的有效界定

我国政府长期以来在职能划分上，存在着越位和缺位的问题。这决定了政府必须从市场领域逐渐退出，专注于公共服务领域，才能真正提升效率，实现资源的优化配置，从而推动我国政府由“生产建设型”向“公共服务型”转变。因此，未来政府应该继续发挥好公共服务职能，起好引导作用，吸引更多的私人资本加入到基本建设中，这样既有利于缓解地方政府融资压力，提高资金使用效率，也有利于缓解地方政府债务风险。

2．地方政府财政资金来源渠道的多样化

（1）适度扩大发行地方债券规模。面对地方政府巨大的融资需求和债务压力，目前的发债规模远远不能满足现实需求，应积极申请拓展地方政府债券发行规模，以满足地方政府正常合理的融资需求。

（2）充分利用主权外债资金。积极争取引进和使用利率较低、条件较优惠的国际金融组织和外国政府贷款，既可补充基础设施建设的资金缺口，还可充分利用人民币升值效应，降低融资、经济建设和经济发展的成本。

（3）探索增强地方财政能力。实行“营改增”后，地方主体税种缺失，应借鉴国际经验，按照“多专享税，少共享税”的思路，把握国家全面推开“营改增”改革的时机，调整税制结构，考虑完善以直接税为主（不动产税等）的地方主体税种设置，使地方政府在治理辖区、推动地方发展方面有足够的可持续的收入来源，也可缓解地方政府债务压力。

（4）统筹盘活财政存量资金。将部门单位长期不用的财政资金，集中

调整用于支持 PPP、融资担保、政府投资基金等工作的开展，发挥政府投资引导作用。

3. 深化地方政府融资平台改革

虽然“43 号文”已经取消了融资平台的融资功能，但是地方政府融资平台作为曾经地方政府融资的主要渠道，仍然承载着较多的政府融资职能。为了促进融资平台的转型，应该将融资平台公司按照不同功能进行分类改革。另外，融资平台与 PPP 项目有效结合，促进了融资平台公司转型。

（1）通过注入矿产、河流等自然资源以及特许经营权、收费权等无形资产，促进融资平台资产规模提升。

（2）通过兼并、改制重组等方式完善地方融资平台法人治理结构，提升其市场化运营能力及资产质量和偿债能力。

（3）通过金融创新，引入民间资本借助债务股权化等方式，促进融资平台转型，将产业经营与资本经营相结合，实现金融资本与私人资本相结合，共同促进融资平台转型。

4. 积极稳妥推进政府和社会资本合作（PPP）模式

（1）严格规划约束。目前，各地滥用 PPP 模式现象严重，普遍存在适用范围不当、重投资建设轻运营管理等问题，在推进 PPP 模式过程中“眉毛胡子一把抓”，没能有效改变政府失灵和市场失灵的局面。推动 PPP 模式应突出重点、抓住关键，科学制定 PPP 项目规划，合理确定 PPP 项目总体规模，统筹安排 PPP 项目实施类型、建设时序，充分发挥规划的刚性约束作用，不该上的项目坚决不上。应重点支持以使用者付费为主的特许经营项目，科学论证涉及政府补贴的项目，审慎开展完全依赖财政支出的政府付费项目，降低 PPP 项目对政府付费的依赖。

（2）规范操作流程。在遵循有关投资管理和财政管理法律法规的前提下，探索建立发展改革部门、财政部门分别牵头，行业主管、规划、国土、环保等部门共同参与、各尽其责、密切配合的协调推进机制，共同做好 PPP 工作。发展改革部门负责制定 PPP 项目规划、建设管理 PPP 项目库、管理 PPP 引导资金、完善价格调整机制以及按规定权限审批、核准、备案项目；财政部门负责项目涉及的物有所值评价、财政承受能力论证等，积极化解政府债务风险。行业主管部门和地方政府负责遴选、发起项目、组织实施方案联审，进行监督检查和绩效评价。

（3）盘活存量资产。按照国家相关政策，通过向社会资本出售优质基础设施项目的股权、经营权、收益权等权利，运用PPP模式盘活基础设施存量资产，从而促进优质资产升级，积极弥补短板项目，形成资产的良性循环。

（4）鼓励民间资本参与。从民间资本行业准入、优惠政策、项目推介、社会资本方选择、PPP合同、政府诚信体系建设等方面予以鼓励和支持。在国家法律和政策允许情况下，各行业尽量向民间资本开放，从而充分吸引民间资本的加入。

5. 构建政府资本性支出的基金化模式

（1）设立基础设施投资基金。当前经济下行压力大，维护稳定保障和改善民生等刚性支出需求大，各地财政自给能力普遍不足，既要积极应对经济运行中的不确定因素，又要全面落实减税政策。在支持基础设施建设方面，可探索在支持创新创业、支持中小企业发展、支持产业转型升级和发展、支持基础设施和公共服务等四个领域设立投资基金，投向经济社会发展的重点领域和薄弱环节。

（2）发挥政府资金引导作用。根据不同项目情况，可采取投资补助、基金注资、担保补贴、贷款贴息等方式，放大政府资金撬动社会资本效用。

6. 规范运用政府购买服务方式

政府部门要充分利用《国务院办公厅关于政府向社会力量购买服务的指导意见》（国办发〔2013〕96号），做好基础设施领域的政府购买服务工作，平滑财政支出，减轻当期财政支出压力。

（1）城镇棚户区改造项目。国务院颁发的《关于进一步做好城镇棚户区和城乡危房改造及配套基础设施建设有关工作的意见》（国发〔2015〕37号）明确规定，推动政府购买棚改服务，市、县人民政府要公开择优选择棚改实施主体，并与实施主体签订购买棚改服务协议。承接棚改任务及纳入各地区配套建设计划的项目实施主体，可依据政府购买棚改服务协议、特许经营协议等政府与社会资本合作合同进行市场化融资，开发银行等银行业金融机构据此对符合条件的实施主体发放贷款。①

（2）易地扶贫搬迁项目。国家发改委、国务院扶贫开发领导小组办公室、财政部、国土部、人民银行《关于印发“十三五”时期易地扶贫搬迁工作方案的通知》（发改地区〔2015〕2769号）提出，各省结合本地实际，采取政府购买市场服务的形式，确定市场化运作的省级投融资主体作为承贷主体，依据政府购买服务协议进行融资。由市场化运作的省级投融资主体还贷，不纳入地方政府债务。②

（3）农村公路项目。国务院《关于创新农村基础设施投融资体制机制的指导意见》（国办发〔2017〕17号）明确规定：将农村公路建设、养护、管理机构运行经费及人员基本支出纳入一般公共预算。推广“建养一体化”模式，通过政府购买服务等方式，引入专业企业、社会资本建设和养护农村公路。③

7. 构建市场化运作的融资担保体系

（1）做大做强融资担保机构。采取政府直接出资或鼓励、引导大型国有企业、社会机构向融资担保机构投资入股等方式，做大融资担保机构的资本金规模，拓展投融资担保范围，增强融资担保机构的实力，为政府基础设施建设项目提供融资担保服务。

（2）充分发挥再担保公司的作用。完善政府主导的再担保机制，推动建立自治区级再担保机构，为地县级融资担保机构提供再担保业务，分散其业务风险，增强其担保机构的担保放大倍数和银行授信额度，提高其为融资平台、PPP项目公司等企业的融资担保能力。

（3）建立风险补偿持续补充机制。通过建立融资担保风险补偿持续机制，由地方政府安排风险补偿金，补偿再担保机构、融资担保机构担保业务损失，保证再担保及融资担保机构始终保持持续健康发展的态势，增强再担保及融资担保机构的经营实力。

① 国务院《关于进一步做好城镇棚户区和城乡危房改造及配套基础设施建设有关工作的意见》（国发〔2015〕37号）

② 国家发改委、国务院扶贫开发领导小组办公室、财政部、国土部、人民银行《关于印发“十三五”时期易地扶贫搬迁工作方案的通知》（发改地区〔2015〕2769号）

③ 国务院《关于创新农村基础设施投融资体制机制的指导意见》（国办发〔2017〕17号）

8. 综合利用好各类改革工具

(1) 深化价格机制改革。创新投融资机制，发挥价格杠杆作用，增强基础设施和公用事业领域建设吸引社会投资能力，激发社会和民间投资活力，着力扩大有效投资，发挥投资对稳增长、促改革、调结构、强基础、惠民生的关键作用。充分发挥价格杠杆的引导作用，促进能源、交通运输、水利、环境保护、市政工程等基础设施和公用事业领域的特许经营项目建设，不断增强公共服务供给能力和水平。

(2) 充分发挥综合开发效能。树立基础设施（主要是交通基础设施）建设引导的TOD和社会服务设施建设引导的SOD开发理念，发挥公路、铁路、机场等交通基础设施和改造后的老城区、棚户区、地下综合管廊、城市轨道交通等社会服务设施对新型城镇化的支撑、服务作用，集中利用资源，拓展区域综合服务功能，提高城市综合承载能力。支持盘活利用好铁路、公路、机场、轨道交通、老城区改造等的周边土地资源，支持新建项目周边实施土地利用综合开发。鼓励相关企业参与土地综合开发，构建综合开发溢价回收机制，支持基础设施项目建设。

(3) 继续深化“放管服”改革，激发民间投资活力。持续深化“简政放权、放管结合、优化服务”改革，对于企业不使用政府投资的建设项目，实行和准备案制，推进核准范围最小化。凡是企业能够自主决定、市场竞争机制能够有效调节以及能够采用事后监管和间接管理方式的投资项目，一律取消核准。进一步放开基础设施领域投资限制，对民营资本在市场准入等方面同等对待，激发民间投资活力。

（二）明确中央与地方的债务偿还责任，建立健全地方偿债机制

1. 明确中央与地方的债务偿还责任

应该继续深化财税体制改革，进一步明确地方政府债务的中央与地方的事权与支出责任。未来在地方政府融资项目中，事权归谁，谁偿还。事权属于中央的，由中央偿还；地方政府自己举债从事的项目，由地方政府自己负有偿还责任。只有在债务的偿还上明确中央与地方的事权和支出责任，才有利于提高各自的责任感，有利于第三方评估机构的评估，有利于监管机构的监管，从而实现财政资金的有效率利用。

2. 发债权的确立

从国际经验来看，只有少数国家允许各级政府自行举债。从我国的国情来看，这是不可行的。因此，发债权的确定具有重要的意义。我国允许省级政府发债，并统筹安排市、县、乡的债务配额。赋予省级政府发债权，有利于加强债务的管理和监督，同时有利于偿债责任的界定，降低相关风险的发生。

（三）进一步完善转移支付制度

1. 明确支付的目标

我国转移支付的目标比较明确：第一，用以弥补财政收支缺口，从而保证地方政府公共财政职能的有效履行。第二，横向的转移支付。目前一般转移支付占比偏低，专项转移支付占比偏高。未来应该进一步加大一般转移支付比重，提高政府自主资金支配能力。第三，通过转移支付，保障基本民生支出，并进行宏观调控。

2. 建立横向支付模式

目前我国的转移支付模式，应该建立以纵向转移支付为主，横向转移支付为辅的综合支付模式，单一的纵向转移支付模式，不利于我国转移支付模式的优化。通过建立横向转移支付模式，有利于减轻中央向地方政府转移支付的压力，也有利于将经济发达省份的财力向不发达地区的有效转移。

3. 优化转移支付体系

一方面，建立健全转移支付相关法律，成立专门的管理机构协调管理转移支付过程中出现的各类问题，并尽快完善法律法规，从而有利于转移支付制度的有效实施。另一方面，科学确定转移支付的规模，加大一般转移支付所占比重，尽量减少税收返还比例，根据客观因素科学配比转移支付的规模。

（四）尽快对地方债立法，提高地方债法治化管理水平

地方债立法应该尽快被提上日程，根据各国的经验，只有立法才能真正保障地方债的可持续发展。通过立法程序，明确地方债的举债、规模，偿还责任等内容，严格的限制有利于地方债的规范化管理，也有利于地方债风险的化解。通过立法的形式，给予地方政府一定的发债自主权，同时

严控地方债务风险的发生，通过立法程序的确立，有利于对违法违规问题的严惩，有利于提高地方债法制化管理水平。

（五）建立偿债基金制度，有效防范债务风险

根据我国目前的地方政府债务状况，建立偿债基金势在必行。近年来，我国地方政府债务风险不断加大，隐形债务风险也日渐增加，通过设立偿债基金，可以有效地防范债务风险的发生。根据国际经验，偿债基金的额度可以根据地方政府财政收支状况而定，不能按照全国统一标准划线。收支状况良好的省（直辖市、自治区）和债务存量较少的省（直辖市、自治区），可以设置较低的偿债基金比例；收支状况不佳和债务存量较大的省（直辖市、自治区），必须提高偿债基金比例。偿债基金的来源，可以是一般公共收入的一部分，或者是政府性基金的收益。偿债基金的运行，可以选择一些低风险和流动性较强的项目进行投资，从而保证其资金的安全性和收益的稳定性。一旦发生风险，偿债基金的积累可以作为偿还的重要来源，避免债务风险的加大，使地方政府债务更具有可持续性。

四、关于建立和完善地方政府债务危机风险预警与处置机制的建议

（一）各省级政府应该设置专门的债务管理机构

目前，中央已经设置了地方政府债务管理部门，有利于统筹管理全国的地方政府债务，通过制定相关文件和规章制度，对地方政府债务进行评估管理。在中央地方政府债务管理部门的统领下，各省（直辖市、自治区）也应该设置相应的地方政府债务管理部门，负责辖区内的债务问题。例如，对债务规模、余额、新增量的统计上报，新增债务的申请，对债务风险的预警以及对举债和债务资金使用过程的监督审核，真正体现出管理的力度和效能，尽量减少债务风险的发生。

（二）完善地方政府信息债务披露制度

政府债务信息的透明化是政府管理能力提升的重要标志之一。债务信息披露制度的建设，有利于加强金融机构、管理部门和社会公众的全方位监督，有利于降低风险，缓解委托人与代理人由于信息不对称而造成的决策偏差。我国在债务信息透明化上已经做出了较大的努力，每年都会公布债务的余额和限额。但不可否认的是，我们信息公布的内容还太少，对于

债务的使用情况、债务资金的绩效情况，甚至是债务率这些数据和信息的披露还不够充分。由于信息的不充分，第三方评级机构无法对地方政府债务情况做出最准确的评估，也不利于地方的长期举债。社会公众由于无法获得有效的信息，也无法有效行使其监督职能。因此，尽快建立地方政府债务信息披露制度，真实、客观、充分地反映债务信息，有利于进一步防范债务风险的发生，提高政府管理的效能。

（三）完善地方政府债务预警制度

1. 建立预警信号系统

借鉴国外先进经验，建立预警信号系统。例如，哥伦比亚红灯、黄灯和绿灯预警系统等。将衡量地方政府债务风险的指标进行分类，选择合理的标准，如债务的短期偿债能力和长期偿债能力、地方政府的经济发展能力和财政实力相关指标。

地方政府应当根据地方的经济发展和债务情况，建立风险预警信号系统。这项建设可以弥补当前地方债务外部监督的缺失，帮助地方政府及时反映风险程度，保障政府债务良性运行。当实际情况发生变动时，对相应的指标值要及时调整，保证预警信号系统的有效性，指标的选择要考虑数据的可获得性、指标的科学性和横向可对比性，通过指标可以对我国31个省（直辖市、自治区）的债务风险情况进行简单的评估和排名，从而有利于各省（直辖市、自治区）发现自身的风险点所在，更好地掌控风险，化解风险。另外，指标也要根据经济发展状况的改变进行每年的调整，从而实现其可持续性评估。

2. 建立预警监管框架和责任追查机制

通过以上预警信号系统的建设，可以有效反映风险发生的可能性，但是无法有效界定责任和相关处理细则，这就需要建立相应的预警监管框架和责任追查机制。预警框架，是对地方政府债务风险进行预防性监管，有一整套框架体系构成，当出现风险时，相应的管理部门应该马上采取措施，有效地行使责任，从源头上控制债务风险的发生，有效化解风险。责任追查机制，主要是明确责任主体——谁举债，谁负责。对于债务管理部门的相关责任，要分工明确，细化工作，落实到人。上级政府和下级政府都要明确自身责任，相关债务要由自身承担，不得转移相关风险。当下级政府出现债务危机时，可以请求上级政府援助，但援助资金应当从地方的税费返还中扣除。政府的各个部门之间要明确自身职责，各部门对本部门的举债负直接责任。

（四）建立第三方地方政府信用评级制度

根据国际经验，随着社会经济的发展，对地方政府的信用评级非常重要，不仅有利于中央政府对地方政府相关政策的倾斜与支持，有利于金融机构对地方债规模做出利率等相关有效性的决定，也有利于私人企业等对地方营商环境做出初步判断，从而做出投资决策。通过以上分析可知，我国各省（直辖市、自治区）的地方债务风险不同，因此第三方评估机构对地方政府信用的评级也一定不同。信用评级制度的完善，首先要尽快实现相关立法工作，使信用评级走向法制化的程序，保证信用评价的公平、公正、公开；其次要加强人才队伍建设。我国第三方评价机构相对较少，大部分相关业务主要被国外大型信用评级机构所垄断，因此，急需引进和培训信用评级人才队伍，更好地发展我国自己的信用评价机构，打响国际市场。最后地方政府债务的信用评级要考虑其特殊性。虽然国家明确提出谁举债、谁负责，中央不承担兜底责任。但是，我国目前尚没有地方政府破产的先例，因此在对地方政府债务进行评级时，要综合考虑地方政府的财政收支和治理能力的指标，从而根据评级提出在不同情况下，债务额度和利率的选择方案。

第二章　辽宁养老保险隐性债务风险研究

第一节　养老保险隐性债务理论及其影响因素分析

一、隐性债务风险相关理论梳理

（一）风险相关理论

1. 风险的内涵

风险的基本含义是未来结果的不确定性。但是，目前学术界对风险的内涵还没有统一的定义。C. A. Williams（1985）将风险定义为在给定的条件和某一特定的时期内，未来结果的变动，这里称风险为不确定性，将证券投资的风险定义为该证券资产的各种可能收益率的变动程度，并用收益率的方差来度量证券投资的风险，通过量化风险的概念改变了投资大众对风险的认识。许多研究者（Gefen，2001；Wand，2001；Pavlou，2003）在他们风险概念化研究工作中认为风险由风险产生的概率和大小构成。朱淑珍（2002）在总结各种风险描述的基础上，把风险定义为在一定条件下和一定时期内，由于各种结果发生的不确定性而导致行为主体遭受损失的大小以及这种损失发生可能性的大小有所不同。风险是一个二位概念，风险以损失发生的大小与概率两个指标进行衡量。王明涛（2003）在总结各种风险描述的基础上，把风险定义为：在决策过程中，由于各种不确定性因素的作用，决策方案在一定时间内出现不利结果的可能性以及可能损失的程度。它包括损失的概率、可能损失的数量以及损失的易变性三方面内容，其中可能损失的程度处于最重要的位置。

简而言之，由于对风险的理解和认识程度不同，或对风险的研究角度不同，不同的学者对风险概念有着不同的解释，但所有的关于风险的解释都有不确定性和损失两个共同点，即风险发生与否的不确定性以及风险发生后损失多少的不确定性。

2. 风险的特点

风险发生的随机性是指虽然风险客观存在，但从某一具体风险来说，它的发生是随机的、无法提前预测的。主要表现为风险事故是否发生不确定、何时发生不确定、发生后果也不确定。

大量风险发生的必然性是指个别风险事故的发生是偶然的，而对大量风险事故观察后会发现，其往往呈现出明显的规律性。因此，运用统计学方法去处理大量相互独立的偶然风险事故，其结果可以比较准确地反映出风险的规律性，这也为人类管理并化解风险提供了可能。

3. 风险的分类

风险分类按照不同的标准有所不同。按照风险损害的对象，分为财产风险、人身风险、责任风险和信用风险。按照风险的性质，分为纯粹风险和投机风险。按照损失的原因，分为自然风险、经济风险、技术风险和政治风险。按照风险责任人，分为公共风险和私人风险。

（二）地方政府或有债务相关理论

1. 地方政府财政或有债务的内涵

世界银行高级经济学家 Mana 在 1998 年发表的世界银行工作论文《Government Contingent liabilities：A hidden Risk for Fiscal Stability》可以称为财政或有债务研究领域中的一篇具有里程碑意义的重要文献。

随后以 Ashoka 和 Allen 为代表的经济学家们开始从“负债”角度，以“或有负债”为研究重点，开创了对政府债务的新认识，提出了“显性”“隐性”“直接”“或有”这四个债务的新概念，并在此基础上，系统全面地研究了财政风险问题，并突破性地提出了财政风险矩阵。

从不确定性程度来看，政府债务分为“直接债务”和“或有债务”。直接债务是指任何情况下都会产生的支出责任，相对比较确定，也比较易于统计。而“或有”这一概念本身就含有随机的意思，是指某一具体事件也许会发生，也许不会发生。

从法律关系角度，政府债务分为“显性债务”和“隐性债务”。显性债务是指建立在某一法律或者合同基础之上的政府债务。当债务到期时，政府具有清偿债务的法定义务。隐性债务是指政府一种道义上的债务，这种债务不是建立在法律或合同基础上的，它产生于社会公众的期望、利益集团的压力和由此导致的社会压力和政治压力。

2. 地方政府财政或有债务的定义和种类

对于地方政府或有债务的概念理解方面有广义和狭义之分。狭义的或有债务是指在某些不确定性的事件发生的前提下才会实现的责任。一般来说，或有事件的发生概率以及为了履行未来责任需要的政府支出的规模难以预测，其发生的概率和规模取决于某些外部因素和某些内部因素。广义的地方政府或有债务是指在现行财政体制下没有被纳入正常的政府预算内，但是一旦出现支付缺口，就必须由地方政府承担一部门最后的偿还责任，从而会对政府财政产生压力。

综合众多文献定义，我们将地方政府债或有债务定义为：在现行财政体制下没有被纳入正常的地方政府预算内，但是由地方政府或与地方政府有密切相关的机构所参与的行为或事项形成的潜在债务，其存在须通过未来不确定事项的发生或不发生予以证实，一旦特定事项发生，必然由地方政府承担一部分最后的偿还兜底责任，从而可能对地方政府财政构成压力和风险的预算外债务。地方政府或有债务包括显性或有债务和隐性或有债务。各自的表现形式见表 2.1：

表 2.1　　地方政府或有债务的分类

项目	显性或有债务	隐性或有债务
我国地方政府或有债务	1. 地方政府担保的主权外债 2. 国债转贷及配套资金 3. 地方政府担保的国内债务 4. 地方社会保障资金缺口 5. 地方粮食企业政策性挂账	1. 下级政府的财政收支缺口和债务 2. 地方金融机构的不良资产与债务 3. 地方性融资平台的呆坏账损失 4. 对非公共部门债务的清偿 5. 对自然灾害和突发事件的救助 6. 地方国有企业单位亏损、欠债和损失挂账

资料来源：安秀梅. 地方政府或有负债的实证分析 [J]，中央财经大学学报，2002 (6)

3. 地方政府财政或有债务的基本特征

（1）地方政府财政或有债务的重要载体——政府担保

对于地方政府来说，提供担保时就形成了一项或有债务。地方政府显性或有债务可以看成地方政府显性担保，隐性或有债务可以看成地方政府隐性担保，总之政府担保与地方政府或有债务有着千丝万缕的关系。

担保是社会经济生活中一种常见的契约关系，是担保人对债权人所做出的当债务人无法偿付债务时由其向债权人偿付的承诺。一般来说，根据担保行为主体性质的不同，我们可以把担保分为由私人担保机构提供的担保和由公共部门政府提供的担保。和私人担保相比，政府担保由于所具有的至高无上的信誉而倍受债务人与债权人信赖。

根据是否有严格的具有法律效力，我们可以把担保分为显性担保和隐性担保。一般来说，担保行为都必须以一个明确完整的担保合同作为基础，以此划定当事人的权利和义务。合同的基本内容包括被担保的债权资产的类型、规模、债务人的还款义务和期限担保的方式、数量等。这种有明确完整的契约合同的担保称为显性担保，例如，美国建立的存款保险体系本质上就是政府的一种显性担保，因为存款机构交付保费后就与政府部门联邦存款保险公司在法律上形成了法律关系，因此在存款保险机构遭受破产时，政府按照法律合同必须偿还存款者的资产。而隐性担保指的是没有一种明确合同作为基础，没有法律约束力，而是推定的一种担保。例如，当前我国虽然没有正式存款保险制度，但是所有人都推定政府是不会让银行倒闭的，一旦银行出现流动性金融危机，政府必定会施以援手。由此可以看出，我国现在实行的就是隐性存款担保，因此政府也就多了这样一项或有债务。

（2）政府担保与政府或有债务

诺贝尔经济学奖获得者 Robert Merton 认为，政府在发行担保的过程中也承担了财政或有债务，因此他认为政府担保是财政或有债务的一个重要载体。从 20 世纪 70 年代他就开始对政府担保进行了比较深入细致的探索。他认为由于政府的特殊地位，如果说银行发生了重大的违约而面临破产，政府为了经济的稳定必然会采取措施来拯救银行以保护储户的资金安全，这在一定程度上就对政府的财力带来了压力，也就是说如果银行倒闭，政府就必须通过财政出资赔偿储户的损失。从某种意义上说，这种隐含的担保是政治约束，从而诱发了银行和企业的道德风险。

比较担保与或有负债的定义和特征。我们可以看出，地方政府担保与地方政府或有负债有着某种程度上的逻辑联系。从以上一系列定义可以总结出，作为一种契约承诺关系，地方政府担保中涉及了三个方面的当事人，即担保者地方政府、债权人和债务人。在担保关系中，担保者针对债权人的债务清偿和针对债务人的债务追索，但只有在发生债务人违约这样特定事件的条件下，担保关系才会真正生效，而债务人如果没有违约，那么担保者并不实际承担此项债务。鉴于担保人对债权人的债务清偿所引致的经济利益的流出具有不确定性，是否发生及程度如何依赖于债务人未来对担保契约的遵守程度，故对担保人来说，提供担保时就形成一项或有负债，而此项或有负债也只有到被担保人到期偿还债务后才能消失。如果发生违约，贷款人可以行使担保，政府将有义务偿还仍没有偿还的贷款，所以从作为担保人的政府的角度看，担保关系的本质是一种或有债务，而或有债务是造成政府或有债务风险的重要来源，这就从理论上为研究政府担保与政府或有债务风险问题构架了很好的桥梁与纽带。

因此，从某种意义上讲，地方政府担保是地方政府或有负债的重要载体，显性地方政府担保的本质就是地方政府的显性或有负债，而隐性地方政府担保则总是和地方政府的隐性或有负债联系在一起。

4. 地方政府财政或有债务的形成机理

（1）地方政府主动承担的显性或有债务形成机理

地方政府主动承担的显性或有负债是指政府本着政府与市场互补的原则，主动承担市场主体的部分风险，依靠市场主体的力量，实现政策目标，促进经济稳定增长。例如，在融资方面，政府为基础设施建设提供担保，为非公共部门中的企业、个人举借债务提供外债担保、中小企业贷款担保等，为项目中的投资主体提供最低收益担保，分担有关市场主体的投资风险。地方政府主动承担的显性或有债务的产生是过去形成的，因此如果地方政府能够切实负责，那么这种或有债务还是可以进行风险事前控制的。

（2）地方政府被动承担的隐性或有债务形成机理

地方政府被动承担的隐性或有债务是与政府的推定义务相关的，是指政府被动地充当公共风险最终承担者的角色，即这种地方政府或有负债不是由地方政府主动发起或设计的，而是由其他经济风险转嫁而来的。大部分隐性或有负债属于地方政府被动承担的或有负债，典型的例子是出现地方性金融风险时，地方政府被迫介入，维护金融系统的功能。此类或有债务发生在有事件引发了社会问题，公众期望政府负担的时候。地方政府若想减少此类或有债务的风险，应该对此类社会问题进行事前管理，包括地方性金融机构、国有企业这类债务主体，加强这类企业的风险管理和日常经营监督。

5. 地方政府财政或有债务的经济效应

(1) 地方政府或有债务的积极效应

从地方政府主动承担的或有债务来说，这是地方政府利用或有债务来实现既定目标的一种主动的安排。特别是当前我国还处于发展阶段，基础设施建设严重不足，在当前地方财政建设资金不足的情况下，通过政府担保筹集建设资金，搞基本设施建设，对各类特殊贷款和公共基金的担保，能改善市场主体的预期和信心，加速城市基础设施建设对于改善居民生活水平和吸引产业集群、促进城市经济发展水平的提升，加速当地经济和社会事业的可持续发展。

从地方政府被动承担的或有债务方面，由于为化解市场行为产生的各类公共风险而产生的各种政府或有负债，如对降低金融体系的震荡，能够促进社会和经济的稳定，这为维护市场正常运转带来了相应的保障。

(2) 地方政府或有债务的消极效应

第一，影响了地方政府的正常运转，扩大了政府财政运行的不确定性和财政支付压力，或有债务作为财政非正常性支出，会对正常的预算执行带来严重的威胁和冲击；第二，滋生了中国众多特色的“形象工程”“业绩工程”以及随之而来的贪污腐败现象；第三，直接制约了地方经济的发展，一般来说一个地区的发展是依托于一个强大的地方政府，而一个地方政府强大的根本性标志就是有稳健的财政能力，如果地方政府积累的或有债务规模很大，并且转化程度很高，当这些债务转化为政府的直接债务时，政府的财力就会面临压力，那么经济也会相应地受到影响；第四，损害了政府的公信力，有的地方政府长期财政赤字，拖欠工程款和机关事业单位的工资，有的地方政府已陷入“举新债，还旧债，债债不清”的窘迫状况，严重影响地方政府的形象；最后，会影响地区的社会稳定，这是危害至深的。

总而言之，地方政府财政或有债务具有正负两方面的效应，用好了有利于推进地方经济建设，缩小城乡二元结构，反之就可能导致地方政府财政动荡，甚至引起地方财政危机。因此需要综合考虑这两方面的因素，加强地方政府或有债务的管理，合理控制地方政府或有债务的规模，就可以使地方政府或有债务风险控制在一定的范围内，并促进经济和各项事业的蓬勃可持续性发展。

（三）地方政府隐性债务风险相关理论

1. 地方政府财政或有债务风险的内涵

Lardy（1998）在研究中国国有企业改革的后果和对财政造成的影响时指出，延迟国有企业改革的后果可以用公共部门赤字或公共部门借款要求来度量。他还将公共部门的外延扩展，不仅将政府机构纳入其内，而且还将国有工商企业和非金融公共部门包括进来。Brock（1992）以智利和美国德克萨斯州为例阐述了政府因外部冲击而对外债提供担保所造成的后果。

从广义上讲，地方政府或有债务风险是指各级地方政府在组织各种或有债务的产生和偿还的过程中，由于财政制度和财政手段本身的缺陷以及各种经济因素的不确定性，造成地方政府财政收支矛盾激化，从而破坏了地方政府财政稳定性、可持续性以及均衡发展的可能性。

2. 地方政府财政或有债务风险的分类

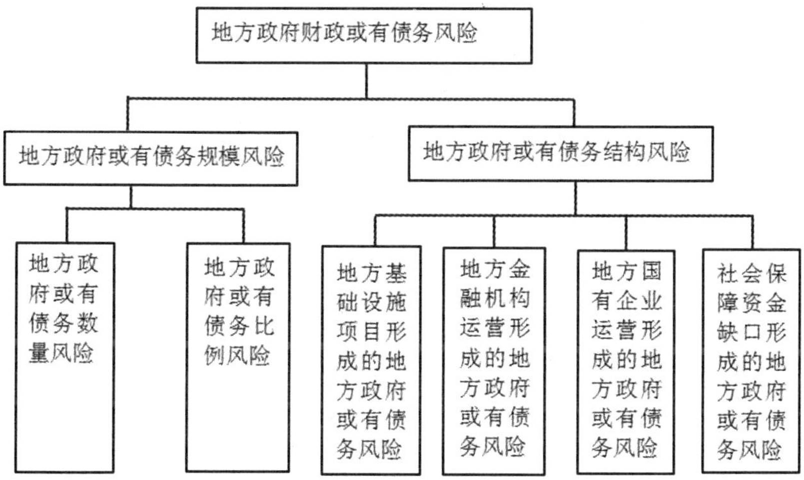

图 2.1　地方政府或有债务风险的分类

二、不同养老保险筹资模式的运行原理

（一）现收现付制运行原理及其特点

现收现付制通常将当前在职者所缴纳的养老保险金支付给当前退休职工，并将支付后的余额进行积累，用于帮助兑现未来的承诺。

若以 L_t 表示 t 岁的参保人数，以 a，r 和 ω 分别表示参保年龄，退休年龄和极限寿命，θ 表示缴费率，W 表示缴费工资水平，B 表示养老金水平，则现收现付制的收支平衡可表示为：

$$\theta w\sum_{a}^{t-1}L_t = B\sum_{r}^{\omega-1}L_t$$

即缴费率 θ 由当前工资水平、养老金承诺、当前在职参保人口数和当前退休参保人口数决定。只要每一代的在职者的缴费能够兑现对退休者的养老金承诺，现收现付的财务就可以达到平衡，而不必担心积累下来需要在将来兑现的债务。

但事实并非如此。人口的老龄化使得在职参保人数趋向减少而退休参保人数趋向增加，在这种情况下，要维持收支财务平衡，只能通过加重在职者的缴费负担或者削减退休者的养老金待遇这两种方式。同时，考虑到社会的稳定，多数国家和地区倾向于维持养老金的刚性，发给下一代退休者的养老金不会低于前面退休者的养老金水平，所以现收现付制的财务平衡必然将会被打破，债务问题也必然浮出水面。

因此，现收现付制虽然不用考虑代际转移时的经济波动和通货膨胀等因素，但是受到人口结构变化影响非常显著，老龄化使得这种制度难以为继。

（二）完全基金积累制运行原理及其特点

在完全基金积累制下，在职者以个人账户的形式为自己未来进行养老金积累，是一种“代内自养”的形式。这种模式与现收现付制完全相反，不会考虑人口结构变动的显著影响，却会受到经济波动和通货膨胀的影响。

若在职者个人账户的第一笔缴费为 θW，今后直到退休的工资增长率为 G，个人账户的收益率为 i，退休时养老金水平为 λW，在职 n 年，退休 m 年，则到退休时点上在职期间个人账户的积累和未来养老金的现值分

别为：

$$\theta W((1+i)^{n}+(1+G)(1+i)^{n-1}+\cdots+(1+G)^{n-1}(1+i))$$

$$\lambda W(1+G)^{n}(1+(1+G)/(1+i)+\cdots+(1+G)^{n-1}/(1+i)^{n-1})$$

则财务平衡时的缴费率 θ 为：

$$\theta=\lambda\frac{1-\left(\frac{1+G}{1+i}\right)^{n}}{\left(\frac{1+i}{1+G}\right)^{n}-1}$$

即缴费率 θ 由当前工资增长率、个人账户收益率、初始养老金设定、缴费年限和待遇年限共同决定。只要能够保证个人账户积累的保值增值，养老问题就会得以解决。但是由于缴费跨越时间长，个人领取养老金的时间也很长，个人账户的以保值增值为目的的投资将面临很大的不确定性。同时，完全个人账户的积累也没有考虑到社会范围内的再分配问题。

（三）部分基金积累制运行原理及其特点

部分基金积累制作为现收现付制和完全基金积累制的结合，一方面以统筹账户的形式进行现收现付的“代际转移”，另一方面以个人账户形式进行基金积累的“代内自养”，这种模式同时兼具前两种模式的特点。如果将“代际转移”看作一种横向的平衡，将“代内自养”看作一种纵向的平衡，部分基金积累制就是在纵横两种平衡间寻求平衡点。

简而言之，部分积累制的优点是一方面适度缓解了老龄人口增加的冲击，另一方面减轻了未来养老金保值增值的风险，同时兼顾到了社会再分配的公平性。而其缺点是需要同时考虑人口、缴费工资、承诺的养老金水平、收益率、缴费年限、待遇年限等更多的因素，运作和管理更加复杂。

同时，如果养老金体系面临的最大危机是人口的老龄化，原有现收现付已经积累下相当庞大的债务，那么向部分基金积累制转轨将比向完全基金积累制转轨要容易一些，因为新体制下仍保存的现收现付部分一方面增加了债务的规模，另一方面却也延缓了债务的偿还时间。

三、养老保险隐性债务的理论分析

（一）养老保险隐性债务分析的现实意义

隐性债务是现收现付养老金制度所固有的，如果现收现付制度在每一代都能通过代际转移的方式补偿政府对参保人员的养老金待遇的承诺，那么即使隐性债务存在，现收现付的养老金制度仍然能够一直持续下去。

但是由于人口老龄化的冲击，现收现付养老制度将无法偿还积累的债务，甚至在某一时间点上连当年的养老金都无法支付，这时必须进行制度的根本改革，也就是向基金积累制转变。这样，对于原来制度下已经向养老保险缴费多年的参保人员而言，他们所积累的未来养老金权益将无法在新制度下找到与之对应的资金，为了解决这样的矛盾，政府就不得不为确保这些已经许诺的权益而调动养老金体系之外的力量，这便使隐性债务问题越发凸显。

当政府从制度外筹集资金时，养老金的隐性债务就显性化为政府债务，所以在未来，政府要面对的是两个任务，一是偿还已经显性化的债务，二是控制和调整隐性债务额的整体水平，防止其进一步影响经济整体的运行。由此看来，养老金的隐性债务分析更表现为一种前瞻性的分析方式，是对预计债务的估计。

（二）结合我国特点的养老保险隐性债务定义

世界银行专家 Robert Holzmann 曾具体指出隐性债务的三个层次定义，为隐性债务的具体测算奠定了基础。这三个定义分别是：

1. 计划终止时债务

表现为现收现付制在某时刻终止，要付给已退休人员的未来养老金现值与在职职工已经积累的且未来必须兑现的养老金精算现值。如果基金有余额，再减去余额。

2. 当前参保人口债务

表现为不考虑新加入者，假设现行政策一直持续到最后一个参保人员死亡，需要给付的退休人员的未来养老金现值，以及当前参保在职人员的未来养老金权益现值与未来缴费现值之差。当前参保人口债务又称为封闭系统债务。

3. 开放系统债务

表现为考虑新加入者未来缴费和养老金收益，等于在当前参保人口的基础上考虑新加入者未来的养老金权益和缴费的现值之差。

上述三层定义的外延逐步增大，测算难度逐渐增加，所需考虑的因素也逐渐增多。从根本上讲，选择根据哪种定义进行测算取决于分析的具体目的和测算的可行性。

在改革开始之前，测算计划终止时的债务可以帮助政府了解如果进行一次性偿还所需要承担的财政压力，正如许多学者已经测算出在1997年我国经济制度转轨时期的隐性债务规模。但是，这些测算结果仅仅反映了在养老金计划终止时需要清偿的债务，而事实上我国现行的部分基金积累模式仍然保留了现收现付的成分，仅仅测算这个层面的债务规模参考价值有限。

考虑到政策变轨后仍然存在的现收现付统筹账户，如果采取第二层定义，在不考虑新加入者的情况下，计算已经在原有现收现付制度中参保的所有人员所形成的隐性债务规模，可以反映出现行制度运行的动态效果，也可以反映出在不考虑新加入者的前提下，仅依靠存留在制度中人的未来缴费是否可以满足养老金支付。对仍然保留现收现付制度的改革来说，这种定义将会比第一层隐性债务的测算更有参考意义。

最后考虑第三层次隐性债务定义。虽然现行制度中的新加入者同样由于统筹账户而享有政府承诺的权益，但是如果考虑新加入者，需要对新加入者自加入时刻起一生的寿命和债务进行计算，还将使预测的区间过长，还要综合迁移和缴费工资等多方面的不确定性进行度量，将会大大降低测算的可行性和准确性。综合考虑测算结果的参考价值和准确性，可以通过测算隐性债务规模的变化趋势，更好地反映出现行政策施行以来养老保险的长期偿付能力和可持续发展能力。

四、影响养老保险隐性债务的因素分析

养老金的隐性债务将受到涉及经济、人口和养老金制度等多方面因素影响，下面针对主要影响因素逐一进行分析。

（一）各年龄参保人数

各年龄参保人数直接作用于养老保险缴费和计发。从理论上看，各年龄层参保人数和隐性债务规模呈正相关，即参保人数越多，隐性债务规模越大；反之，隐性债务规模越小。

（二）初始养老金待遇

隐性债务从本质上讲就是由政府承诺的养老金权益所引发的，所以参

保职工退休时享受的养老金待遇直接形成其未来累积养老金权益的基础，也就直接影响隐性债务的规模。初始养老金待遇作为养老金制度赋予的权利与隐性债务的规模正相关，也就是政府承诺的退休养老金待遇越高，隐性债务的积累将越多；如果政府采用降低退休时养老金的初始待遇的方法，隐性债务规模会随之减少。

（三）宏观经济因素

对养老保险隐性债务的影响表现在多个方面。如工资水平的上升，一方面会使养老金的缴费工资提高，进而提高养老金的缴费，使参保人员积累更多的权益，另一方面如果退休人员待遇和社会工资水平挂钩或者养老金待遇根据工资水平进行调整，将会使养老保险隐性债务进一步增加。又如折现率的变动，会影响测算时点上现值的计算，而折现率往往根据存款利率等经济变量进行设定。再如许多国家政府往往会根据经济形势，在允许的条件下，将养老金待遇向高龄人口进行倾斜等。

当然，除了上述主要因素以外，隐性债务的规模还会受到各种经济成分比重、突发事件、当权者倾向和政府信用等其他因素的直接或间接影响。

第二节　财政参与养老保险的合理性分析

一、养老保险相关概念

（一）养老保险及其基本内容

养老保险是指国家和社会通过相应的制度安排为劳动者解除养老后顾之忧的一种社会保险，其目的是增强劳动者抵御老年风险的能力，同时弥补家庭养老的不足，手段则是在劳动者退出劳动岗位后为其提供相应的收入保障。一个完整的、成体系的养老保险制度通常包括制度的覆盖范围、制度享受条件和待遇标准、基金筹集和使用、管理制度等多个方面。

制度的覆盖范围主要指养老保险制度设计涉及的人群，普遍保障模式下的养老保险覆盖范围覆盖全体国民，属于宽覆盖范围；选择性保障模式下的养老保险覆盖部分人群，如只覆盖劳动者，属于窄覆盖范围的养老保险覆盖模式。养老保险制度覆盖范围的大小取决于各国的经济发展水平和制度设计。

制度享受条件主要包括年龄条件、缴费条件、工龄条件及居住条件等其他条件，养老保险参保者达到规定年龄参保，缴费达到一定期限并在规定年龄退休，达到制度规定的缴费标准，才有资格按照制度规定享受养老保险权益，制度享受条件是获得养老金领取资格的必备条件。

待遇标准指养老保险参与者达到社会保障制度规定的领取养老保险金条件领取养老金时的费用标准。待遇标准的高低与一国经济发展水平、制度缴费标准和国家财力等因素相关。

基金筹集指养老保险基金的来源，是养老保险制度得以持续运行的物质基础。根据不同的费用分摊方式，养老保险基金来源于雇员个人，雇主和雇员或雇主和国家双方，雇主、雇员、国家三方这几种形式。资金来源于多方的基金筹集方式具有保险系数大、单方负担小等优点，是主要的资金筹集方式。基金使用，即养老保险基金的运营管理，包括基金的保值增值和基金的发放。

管理制度指养老保险制度的管理模式，主要解决由谁管理的问题，主要包括由政府部门直接管理养老保险事务；由自治公共机构管理，政府承担主要监督责任；由私营基金管理公司管理个人账户资金，政府承担相应监督责任三种模式。

（二）养老保险责任承担模式

养老保险责任承担模式解决养老保险出资责任由谁承担的问题。根据各国养老保险运行实践，可将养老保险出资责任承担模式划分为政府负责型、市场主体共同分担型、个人负责型和混合责任型。

政府负责型养老保险基金来源于企业与个人共同缴纳的社会保障税所形成的政府预算，其制度覆盖范围包括所有国民，凡是达到法定退休年龄的本国国民都可享受养老保险金给付，养老保险待遇享受条件与参与社会劳动或缴纳社会保障税与否无关。这种养老保险模式的管理和监督职能由政府直接承担，政府在社会养老保险中承担的责任最为重大。由于这种模式的养老保险基金出资责任完全由政府承担，实行此种养老保险制度的养老保险基金以其全部资金支出需求额对政府财政形成负担。

个人负责型养老保险制度下，养老保险基金完全来源于个人缴费，个人缴费形成的个人账户通过市场运营实现资金保值增值，待劳动者退休后发放给个人。这一养老保险模式强调个人在养老保险中负有的主体责任，养老保险基金也由个人完全承担，政府在其中的作用微乎其微。实行此种养老保险制度的养老保险基金支付需求几乎不会对国家财政形成负担。

市场主体共同分担型养老保险基金来源于政府、企业和个人，由于个人和企业在社会保险中负有的责任分担义务，此制度覆盖范围只包括参与养老保险的部分劳动者，个人只有达到相应的缴费条件，才能享受养老保险待遇。这种养老保险中，政府虽不像在政府直接负责型养老保险中负有的责任重大，但承担弥补养老保险基金收支缺口的重要责任，其财政负担大于个人负责型养老保险制度，所以说养老保险基金以其收支缺口数额大小对国家财政形成负担。

混合责任型养老保险制度存在于多层次养老保险体系之中，是不同类型的养老保险责任承担模式的混合体。基础层次的养老保险由政府负责，随着养老保险层次的提升，政府在其中承担的责任逐渐减少，财政负担也随着政府承担责任的减少而随之下降。

（三）养老保险相关基础概念

1. 制度赡养率

制度赡养率是指养老保险体制内退休人员和参保在职人员的比重。制度赡养率与养老保险制度的可持续性成反比，制度赡养率高，表明养老保险制度中退休人员所占比重过大，基金收支缺口压力大，养老保险财务可持续性差，反之亦然。

2. 养老金替代率

养老金替代率是指养老保险参与者退休时领取的养老保险待遇水平与其在职时的工资水平的比例。具体数额一般采用养老金待遇水平与当月在职员工平均工资水平之比表示。养老金替代率的大小与养老金待遇发放水平成正比，养老金替代率高，说明养老金待遇水平高。在退休人员数量一定的条件下，养老金支出需求大，养老金支出对基金可持续运行形成的压力就大。

3. 养老保险基金年度收支差额和累计结余

养老保险基金年度收支差额为当年基金收缴收入与支付退休人员养老金形成的基金支出的差额，反映年度内基金收支平衡状况。养老保险基金累计结余则为历年基金收支差额的累加数额。若当年基金收支存在缺口，则表明当年养老基金收不抵支，若连年收不抵支，则不得不动用基金累计结余，导致基金累计结余的减少，若收支趋势长期得不到改善，则在没有外来资金的情况下，养老保险制度将无法持续。

4. 养老保险参保率

养老保险参保率即养老保险参保职工占从业人员的比例，在从业人员既定的情况下，参保率越大，养老保险参保人数越多。在短期内扩大养老保险参保率，可增加基金收入，从而缓解基金收支压力。长期来看，参保率扩大意味着增加未来的基金支出，参保率的扩大只是将现有基金收支压力释放到未来，基金状况并未得到根本改善。

二、中国养老保险制度的改革历程回顾

从新中国成立之初开创养老保险制度到目前运行统筹账户与个人账户相结合的部分基金积累制模式，回顾我国养老保险的建立、发展、转折和变革，更深入地了解我国社会养老保险60余年的改革实践，将有利于我们更深入地理解隐性债务的产生和变化。

归纳起来，我国的养老保险制度经历了最初建立、发展停滞、酝酿变革和全面转轨几个重要时期。

（一）我国养老保险的最初建立（1951—1965）

养老保险制度是新中国建立的第一批基础性社会制度。1949年新中国成立后不久，我国政府就着手建立与计划经济体制相配套的养老保险模式。1951年原人民政府政务院颁布实施了《中华人民共和国劳动保险条例》，1953年政务院又通过了《关于中华人民共和国劳动保险条例若干修改意见的决定》，这两份政策文件分别对劳动保险的实施范围、基金收集保管、退职待遇和劳动保险待遇的开支渠道进行了详细地规定，从此开始了新中国的养老保险制度变迁历程。在最初建立劳动保险时期，对于退职部分规定男职工满60岁，工龄25年，女职工满50岁，工龄20年即可以

获得按月支付的退职养老补助，其金额为本人工资的50%～70%。同时企业应按工资总额3%计提劳动保险基金，其中70%留存基层工会用于保险待遇支出，另30%上缴全国总工会，在全国范围内实行调剂使用。需要说明的是，国务院从1955年起就明文规定将政府机关事业单位人员排除在上述范围之外，由财政单独为这部分人员提供养老。1958年国务院将工龄要求降低为20年和15年。

从政策的内容进行理解，在这一时期我国养老保险的统筹层次属于全国统筹，筹资方式属于典型的现收现付制。由于当时人口年龄偏向年轻，结构性压力小，国家承诺的养老金待遇偏高，这直接增加了后来养老金制度的改革难度。

（二）“文化大革命”带来的发展停滞（1966—1977）

在文化大革命期间，工会这一养老金管理部门被撤销，致使养老金的征收、保管和发放均陷入混乱。1969年财政部规定一切国营企业停止提取劳动保险金，退休职工开支在企业营业外列支，当前退休职工的退休金从当期企业利润中提取。从此退休金不再在不同地区和企业之间调剂，统筹层次仅仅局限在了企业层面上。

（三）改革开放新局面下酝酿变革（1978—1996）

1978年我国走出“文化大革命”的低谷，开始了经济体制改革和全面的对外开放，上一时期中养老政策的弊端逐渐显现，表现为养老保险的覆盖面窄，社会统筹程度低，不同企业养老保险负担不均，一些老企业、大企业由于老职工过多而变得负担沉重，严重制约企业发展；而年龄结构负担轻的新企业则得以步伐轻盈地快速发展。面对这样的局面，政府和相关研究人员开始研究对策，1984年国家首先在四川、广东、辽宁和江苏各选择了一个省辖市进行改革试点。1986年国务院77号文件总结试点经验要求在全国范围内建立县、市一级的养老金统筹。同时，铁道、煤炭、电力、交通等行业实行行业统筹。

在提高统筹层次的同时，国务院通过1980年颁布的《中外合资经营企业劳动管理规定》和1983年颁布的《关于城镇集体所有制经济若干政策问题的暂行规定》，陆续将合资企业职工和集体所有制企业职工纳入到养老保险范围内，扩大了养老保险覆盖范围。

除了统筹层次和覆盖范围的变化，国家开始把目光集中在筹资模式的改变。1991 年发布的《国务院关于企业职工养老博爱县制度改革的决定》开始提出多层次养老制度的思想，规定基本养老保险费用由国家、企业和个人三方承担，职工按照本人工资的 3%缴费。1993 年党的十四届三中全会通过《中共中央关于建设社会主义市场经济若干问题的决定》，要求城镇职工养老保险和医疗保险由单位和个人共同承担，实行社会统筹与个人账户相结合，并建立统一的社会保障管理机构。以该决定为指导，1994 年"统账结合"的试点工作开始展开。1995 年颁布的《国务院关于深化企业职工养老保险适度改革的通知》再一次明确向社会统筹和个人账户结合的方向进行改革，并提出了"大统筹小账户"和"小统筹大账户"两种方案供各地根据自身情况进行选择。

在这一时期中，统筹层次的提高、覆盖率的扩大和原有现收现付制向部分积累制改革方向的确立都对解决我国养老保险体系面临的尖锐问题，促进其可持续性产生了参差不齐，仍然没有解决养老保险混乱的局面，所以可以称这段改革的"试水期"为酝酿变革时期。

（四）新时期下养老保险制度的初立（1997—2005）

为了改变养老保险的混乱局面，1997 年国务院颁布了《关于建立统一的企业职工养老保险制度的决定》（下称"国发〔1997〕26 号文"）。这一决定成为我国养老保险制度的"分水岭"，也就是从这时开始，我国建立起了统一的企业职工养老保险制度，对养老保险制度的改革具有里程碑式的意义。总结起来主要体现在以下三点：

第一，国发〔1997〕26 号文明确规定了企业和个人的缴费比例：企业缴费比例一般不超过企业工资总额的 20%，个人 1997 年缴费比例不低于本人缴费工资的 4%，从下一年起每两年提高 1%，最终达到本人缴费工资的 8%。

第二，国发〔1997〕26 号文制订了统一的养老金计发标准，并明确要求完善正常调整机制。个人累计缴费满 15 年基本养老金由基础养老金和个人账户养老金组成，退休时基础养老金的月标准为上年度职工月平均工资的 20%，在政策实施前参加工作、实施后退休且个人缴费和视同缴费累计满 15 年的人员，在发给基础养老金和个人账户养老金的基础上再发给过渡性养老金，过渡性养老金从养老保险基金中解决。

第三，国发〔1997〕26号文要求制度覆盖范围逐步扩大到城镇所有企业及其职工，统筹层次逐步由县级统筹向省或省授权的地区统筹过渡。

自此，我国的养老金开始了在全国范围的全面转轨，真正意义上从现收现付制转向“统账结合”的部分基金积累制。但这只是改革的刚刚开始，仍有许多问题没有解决，比如其中的转轨成本问题，这直接造成了部分地方政府挪用个人账户基金填补负担过重的统筹基金的“空帐”现象。为了解决这一问题，2005年国务院在总结2000年以来东北三省的试点经验的基础上颁布了《关于完善企业职工基本养老保险制度的决定》（下称“国发〔2005〕38号文”），提出了进一步做实个人账户的要求并改变了缴费和待遇标准，细化了具体的实施细节。

（五）构建多层次养老服务体系（2005—至今）

从1985年的“政府来养老”、1995年的“政府帮养老”、2005年的“养老不能靠政府”、2012年的“自己来养老”到现在的“构建多层次养老服务体系”，我国养老政策一直随着社会的发展而变化。

近年来，国家密集发布与养老相关的政策，从养老设施建设、用地、政府购买服务、社会资本进入、医养结合、养老服务体系建设、互联网+养老、智慧健康养老、标准化建设、人才培养、养老服务补贴、金融支持、税费优惠等各个方面都提供配套扶持政策。结合我国已出台的各项政策，未来我国将建成“以居家为基础、社区为依托、机构为补充、医养相结合的养老服务体系”。

我国养老保险基本的筹资模式在老龄化冲击下遵循了现收现付制向基金积累制转轨的国际经验，同时考虑到财政的承载能力，选择了社会统筹和个人账户相结合的部分基金积累制，而在统筹模式上则经历了由高层次到低层次的混乱局面后又逐步向较高层次进行过渡。早期的混乱局面为我国作为人口大国本就严峻的养老问题设置了更多的障碍，也增加了隐性债务的负担和对隐性债务问题进行分析的难度。

三、财政参与养老保险的理论依据

（一）公共产品和市场失灵理论

公共产品是指具有非排他性和非竞争性的物品，非排他性指要阻止任何人消费这种物品，要么代价非常大，要么不可能。非竞争性即多增加一个消费者带来的边际资源成本为零。基本养老保险是国家为保障国民退休后的基本生活水平统一提供的普遍性的社会保障项目，具有一定程度的非排他和非竞争性，是准公共产品。公共产品由于具有外部性，由市场提供会存在免费搭车问题，即希望他人付费而自己受益，会导致养老保险市场供给不足和市场提供的无效率，因而需要政府提供。

此外，养老保险属于准公共物品，市场在提供准公共物品时存在市场失灵问题，主要表现为逆向选择、道德风险、短视与父爱主义。逆向选择表现为保险市场上风险较大参与者对风险较小参与者的驱逐。例如，保险提供者根据年金买方的平均预期寿命收取费，会导致预期寿命低于平均寿命的人退出年金保险，从而年金提供者提高保费，预期寿命低于平均寿命的人继续退出，形成“死亡螺旋”。道德风险表现为保险参与者利用自身的信息优势，做出不利于保险提供者的行为。如参保者参与保险后不按保险协议规定的数额缴费，压低自身的缴费比例等。有效解决逆向选择和道德风险的办法，就是政府强制性养老保险计划。短视是指如果个人负责自身的养老储蓄，个人会由于缺乏远见，无法积累足够的资金用于退休后的消费，从而使自己老年时陷入贫困。因此应该强制人们进行储蓄，即政府应当提供强制性养老保险计划，从而保障人们年老时适当的生活水平。

（二）社会保障分配公平理论

分配公平是指人们对于自身获得的社会分配结果的主观心理评价。社会保障的分配公平主要是指社会消费品分配的公平，即人们所获得的消费品差距在社会大众可接受的范围之内。社会保障是国家或政府建立的，旨在通过国民收入的再分配，对公民在暂时或永久失去劳动能力或由于各种原因导致生活困难时给予物质帮助，以保障公民的基本生活的制度，其在设立之初，就将实现收入分配公平作为其核心目标。一方面，社会保障制度通过征收社会保障税或缴纳社会保障费的形式，将居民劳动收入的一部分集中起来，用于对失去劳动能力的人群进行社会救助，提升社会弱势群体的生活质量，增加社会总体福利水平。另一方面，社会保障制度通过其社会保险制度的建立，对制度内社会成员由于生育、医疗、工伤、退休等原因失去收入来源时，给予保险金，从而起到平滑社会成员一生收支的作用。根据讲坛社会主义学派提出的财政三大职能理论，公平分配职能是财政的三大职能之一，财政自身的独有职能决定了财政应介入养老保险领域。

（三）社会保障适度水平理论

社会保障适度水平理论回答的是财政如何介入社会保障领域的问题。该理论认为，社会保障水平不宜过低，也不能过高。过低的社会保障水平无法保障社会成员的基本生活水平，不能调动劳动者生产积极性，实现经济稳定发展。过高的社会保障水平会增加财政支出负担，不利于企业扩大生产和增加个人消费，甚至形成社会福利依赖，造成社会惰性。财政作为社会保障资金的收入来源，对养老保险的补贴力度不能过大，否则会加大财政赤字，对财政其他职能的发挥形成阻碍。

四、我国企业职工养老保险制度设计及财政支出责任

（一）我国企业职工养老保险制度设计

自 1949 年新中国成立以来，我国企业职工养老保险制度先后经历初建、重创、恢复、改革与完善四个阶段，由单一层次的养老保险制度，逐渐发展成为包含基本养老保险制度、企业年金、个人商业养老保险在内的三支柱混合责任型养老保险制度。其中，基本养老保险制度是养老保险制度的第一支柱，是养老保险制度中最为重要，也是最为基础的养老保险制度。基本养老保险制度资金来源于政府、企业和个人三方，基金分别设立统筹账户和个人账户，统筹账户由企业缴费和政府财政补贴形成，个人账户资金由个人缴费形成。企业年金是指企业及其职工在依法参加基本养老保险的基础上，自主建立的补充养老保险制度。企业年金基金来源于企业缴费和职工个人缴费，企业缴费按照企业年金方案规定比例计算的数额计入职工企业年金个人账户，职工个人缴费计入本人企业年金个人账户，基金实行完全积累，采用个人账户方式进行管理，个人商业养老保险是个人为在年老退休或保期届满时获得养老金，在商业保险公司购买的商业性养老保险，其基金来源于个人缴费，由商业性保险公司负责资金运营和到期给付养老金。

（二）我国财政在养老保险制度中的支出责任

由于我国实行的是混合责任型的养老保险制度，政府在不同的养老保险制度下承担的责任不同，决定了财政在保证养老保险基金收支平衡中的

不同责任。在企业职工基本养老保险制度中，企业和个人作为养老保险基金的缴费主体，分别承担20%和8%的缴费比例，而政府则在养老保险基金出现收支缺口时承担兜底责任。在养老保险基金收支平衡时，财政不必对养老保险基金进行补贴，在企业和个人缴费形成的养老保险基金收入不足以支付退休人员的养老保险金给付需求时，财政对收支缺口部分进行补贴，以保证养老保险基金可持续运行。

形成我国养老保险基金收支缺口的原因有两方面，一是在我国养老保险财务管理由现收现付制向基金积累制过渡的过程中，部分人的过渡养老金缺乏个人积累部分或个人积累部分不足，其不足部分的支付从统筹账户划拨，形成养老保险基金的额外支付。二是人口老龄化进程的加快，导致缴费人数与退休人数比不断降低，按照保险精算理论确定的以支定收的养老保险基金收入不足以支付基金支出需求。这部分收支缺口是养老保险财政负担逐年加重的主要原因。

第三节　辽宁省城镇职工基本养老保险隐性债务风险分析

一、辽宁省城镇职工基本养老保险基金运行现状

（一）基本养老保险基金征缴收入增长乏力，收支缺口扩大

辽宁省城镇职工基本养老保险征缴收入从2009年524.6亿元，增加到2017年的1134.7亿元，每年的增长速度如图2.2所示，2011年达到最大值24.7%，随后出现下降态势，2016年首次出现了0.6%的负增长，2017年略有回升，达到8.7%，伴随着未来城镇职工基本养老保险单位缴费比例的下调以及人口的老龄化，基金征缴收入增长乏力；辽宁省城镇职工基本养老保险支出从2009年的647亿元，增加到2017年的2207亿元，增速相对较为平稳，维持在10%～20%之间，除2011年和2013年外，其他年份支出的增速都在收入增速之上。在基本养老保险征缴收入出现负增长，而支出增速刚性不变的情况下，养老保险基金征缴收支缺口逐步拉大，从2009年的122.4亿元，扩大到2017年的1072.3亿元，8年扩大了近8倍。

从全国范围比较来看，2014 年全国城镇职工基本养老保险基金征缴收入首次出现低于支出，这表明 2015 年以后仅仅依靠全国统筹来实现制度内基金收支平衡已经不再现实，必须依靠制度外资金补充。而辽宁省基本养老保险征缴收入长期低于支出规模，必须依靠财政补贴等其他资金补充。

表 2.2　　2009—2017 年辽宁省城镇职工基本养老保险收支和累积结存情况

年度	养老保险收入（亿元）	养老保险征缴收入（亿元）	养老保险支出（亿元）	养老保险征缴收入与支出缺口	养老保险总收入与支出缺口	累计结存（亿元）	可支付月数
2009	739.1	524.6	647.0	−122.4	92.1	660.8	12.26
2010	837.6	583.1	759.3	−176.2	78.3	739.3	11.68
2011	1039	727.2	883.6	−156.4	155.4	859.1	11.67
2012	1212.3	848.4	1052.6	−204.2	159.7	1054.9	12.03
2013	1422.2	1021.1	1231.1	−210	191.1	1226.6	11.96
2014	1534.2	1029.2	1477.9	−448.7	56.3	1283.8	10.42
2015	1630.2	1050.26	1743.26	−693	−113.06	1170.79	8.06
2016	1676.1	1043.7	1930.3	−886.6	−254.2	916.7	5.70
2017	1863.2	1134.7	2207	−1072.3	−343.8	572.8	3.11

资料来源：《辽宁省人力资源和社会保障事业发展统计公报》

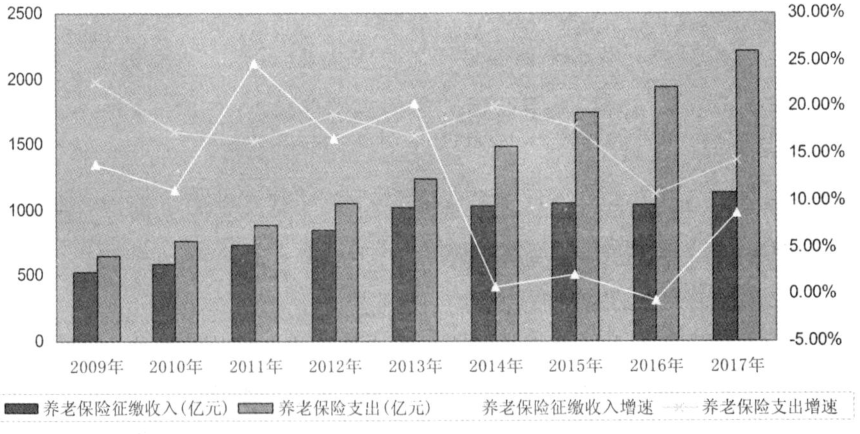

图 2.2　辽宁省城镇职工基本养老保险基金征缴收入、支出及其增速情况

（二）基本养老保险基金收入逐年增加，但收支缺口仍在扩大

城镇职工基本养老保险基金收入除了养老保险征缴收入外，主要还包括中央和地方的财政补贴收入。辽宁省城镇职工基本养老保险基金收入从2009年的735.9亿元，增长到2017年的1863.2亿元，呈现出逐年增长的态势，即使在2016年征缴收入下降的情况下，仍然保持了基本养老保险基金收入的上涨，这说明通过财政补贴等其他渠道弥补养老保险基金的资金在逐年增加。但是，基本养老保险收入与支出间的缺口却在扩大，2015年首次出现基金收支缺口113亿元，2017年继续扩大到343.8亿元，这表明从2015年开始，辽宁省城镇职工基本养老保险基金在动用了各级财政补贴之后，仍然无法满足养老保险基金的支出需求。从全国范围比较来看，2017年出现城镇职工基本养老保险收入与支出缺口的省份有辽宁、黑龙江、湖北、山东、青海和吉林，其中辽宁省基金缺口规模最大，由此可见辽宁省城镇职工基本养老保险基金收支失衡问题严重。

（三）基本养老保险累计结存呈现倒U型，规模继续缩减

辽宁省城镇职工基本养老保险基金累计结存呈现出先增长后下降的倒U形状，如图2.3所示，自2014年达到最大值1283.8亿元后，开始下降，到2017年累计结存只有572.8亿元。辽宁省累计结存可支付月数也从2009年的最大值12.26个月，下降到2017年的3.11个月。这表明辽宁省在使用了中央和地方财政补助之后，还需要动用以前的养老金结余才能弥补当期收支缺口。从全国范围比较来看，全国城镇职工基本养老保险累计结存持续增长，2017年末养老保险基金累计结存4.4万亿元，同比增长14%，可支付13.84个月，基金运行较为平稳。由此可见，在全国基本养老保险累计结存持续增长的情况下，辽宁已经连续3年负增长，基金收支压力持续增大。

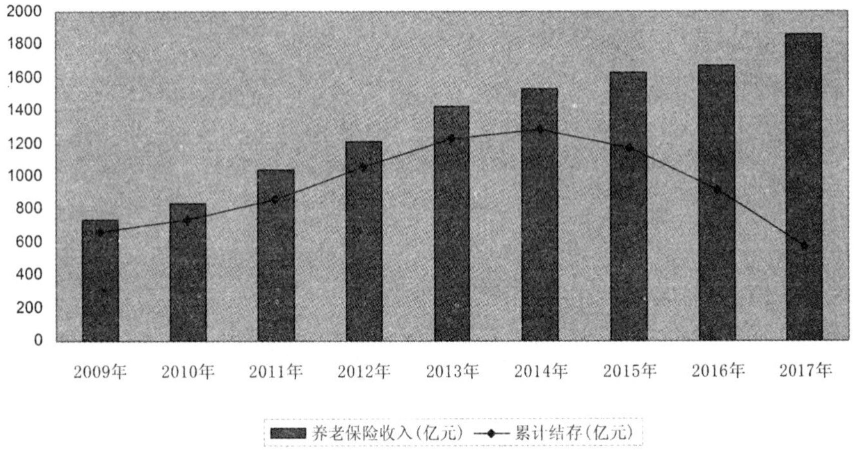

图 2.3 2009－2017 年辽宁省基本养老保险基金收入、累计结存情况

（四）各市基本养老保险基金运行差异较大，收支压力总体偏高

辽宁省各市经济社会发展以及资源禀赋情况不同，城镇职工基本养老保险运行情况差异也较大。如表 2.3 所示，2017 年城镇职工基本养老保险基金收支缺口最大的是抚顺市的 55.6 亿元，而唯一不存在基金收支缺口的是大连市，两者比较差距较大。按照当期收支缺口绝对额的大小可以将 14 个城市分成三类：低风险区域（缺口＞0）：大连；中等风险区域（－20 亿元＜缺口＜0）：盘锦、葫芦岛、沈阳、营口、朝阳、阜新；高风险区域（缺口＜－20 亿元）：辽阳、铁岭、锦州、本溪、鞍山、丹东、抚顺。由此可见，辽宁省各市城镇职工基本养老保险基金收支缺口的绝对量差异较大，低风险区域仅有一个城市，而高风险区域城市占到了总体的一半，市级基本养老保险收支压力程度不同，但总体偏高。

表 2.3　　2017 年辽宁省各市养老保险基金收支情况

城市	城乡居民社会养老保险（万人）	城镇职工基本养老保险（亿元）		城镇职工基本养老保险收支缺口（亿元）	公共财政收入（亿元）	收支缺口占公共财政的百分比
		基金收入	基金支出			
沈　阳	114.00	382.9	390.0	−7.1	656.24	−1.08%
大　连	129.20	371.8	371.6	0.2	657.64	0.03%
鞍　山	82.70	91.4	127.4	−36	140.22	−25.67%
抚　顺	43.40	72.8	128.4	−55.6	88.06	−63.14%
本　溪	29.60	61.2	92.7	−31.5	64.56	−48.79%
丹　东	42.70	66.7	115.1	−48.4	72.74	−66.54%
锦　州	103.70	80.7	111.9	−31.2	91.27	−34.18%
营　口	54.40	85.3	96.4	−11.1	113.68	−9.76%
阜　新	42.10	41.1	60.2	−19.1	38.18	−50.03%
辽　阳	31.80	57.5	79.4	−21.9	80.69	−27.14%
盘　锦	23.10	54.3	59.7	−5.4	118.86	−4.54%
铁　岭	90.30	45.5	69.4	−23.9	49.15	−48.63%
朝　阳	145.00	61.5	73.1	−11.6	57.88	−20.04%
葫芦岛	107.70	52.3	58.5	−6.2	72.80	−8.52%

资料来源：《2017 年辽宁统计年鉴》

二、辽宁省城镇职工基本养老保险隐性债务负担情况

（一）社会保障和就业支出比重偏高，地方财政负担较重

社会保障和就业支出作为地方财政支出中的重要项目，其中包含了地方财政对城镇职工基本养老保险的补助资金。因此，此项支出占地方财政支出的比重，可以在一定程度上反映基本养老保险的地方财政负担情况。辽宁省社会保障与就业支出从 2009 年的 518.07 亿元，增加到 2017 年的 1340.5 亿元，如表 2.4 所示，其占财政支出的比重呈现出先下降后上升的 U 型，从 2013 年的最低点 15.85%逐年提高，2017 年达到最大值 25%。从全国范围比较来看，2017 年全国社会保障与就业支出占公共财政支出的比重为 13.63%，辽宁省高出全国均值近 12 个百分点，此指标值全国排名第一。

由此可见，辽宁省社会保障和就业支出比重偏高，地方财政负担较重。

从社会保障与就业支出的增速来看，如图 2.4 所示，年均增速维持在 10%左右，2017 年达到最高值 17.02%，增速相对平稳。通过其与公共财政收入增速的比较可知，在 2009—2013 年辽宁经济稳步增长时期，社会保障与就业支出并没有得到相应的提高，占地方公共财政收入的比重最低为 23.43%，社会保障没有充分分享到经济增长带来的益处，地方财政对社保投入相对不足；而在 2014—2017 年辽宁经济发展低谷时期，由于社会保障与就业支出是刚性支出，支出仍然保持了较高比例的增长，加之财政收入增速的放缓，导致了社会保障与就业支出占公共财政收入比重持续提高，2017 年达到最大值 52.06%。因此，在经济发展形势较好的时期，地方财政应该加大社会保障与就业支出，让经济增长的成效惠及民生，而在经济发展的低谷期，也要把公共财政资金用在关键的民生领域，保证社会保障与就业支出的可持续性，从而在一定时期内平衡地方财政负担。

表 2.4　　2009—2017 年辽宁省公共财政收支情况

年份	公共财政收入（亿元）	同比增速	公共财政支出（亿元）	同比增速	社会保障与就业支出（亿元）	同比增速	财政收支缺口（亿元）	社会保障与就业支出占公共财政支出比重	社会保障与就业支出占公共财政收入比重
2009	1591.22	17.3	2682.39	24.5	518.07	8.60	—1091.17	19.31%	32.56%
2010	2004.84	26	3195.82	19.1	579.84	11.92	—1190.98	18.14%	28.92%
2011	2643.15	31.7	3905.85	22.1	657.36	13.37	—1262.7	16.83%	24.87%
2012	3105.38	17.4	4558.59	16.5	727.71	10.7	—1453.21	15.96%	23.43%
2013	3343.81	7.6	5197.42	14.1	824.03	13.24	—1853.61	15.85%	24.64%
2014	3192.78	—4.6	5080.49	—2.4	895.91	8.7	—1887.71	17.63%	28.06%
2015	2127.39	—33.4	4481.61	—9.1	995.10	11.07	—2354.22	22.20%	46.78%
2016	2200.49	3.4	4577.47	2.2	1145.49	15.10	—2376.98	25.02%	52.06%
2017	2392.8	8.74	4879.4	6.6	1340.5	17.02	—2486.6	27.47%	56.02%

资料来源：wind 数据库整理计算而得。

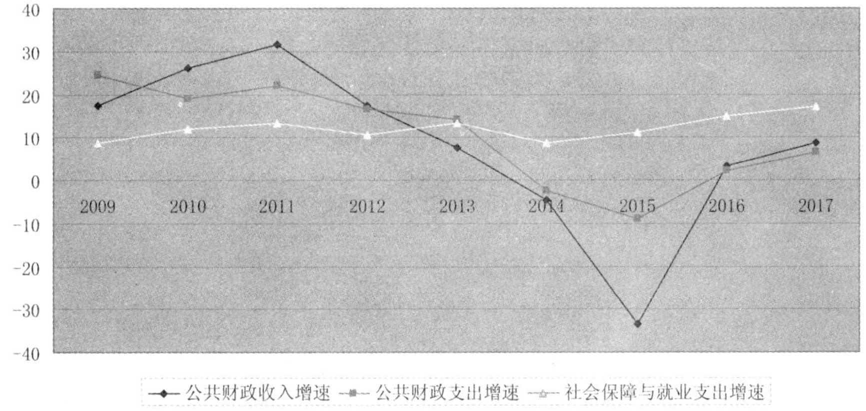

图 2.4　2009—2017 年辽宁省社会保障与就业支出情况

（二）基金征缴收支缺口占地方财政收入的比重攀升，地方财政负担加重

城镇职工基本养老保险基金征缴收支缺口占地方财政收入的比重是反映地方财政负担最直接的指标。辽宁省此指标值跳跃式攀升，如表 2.5 所示，从 2009 年的 7.69%，提高到 2017 年的 44.81%，比重扩大了近 5 倍。这意味着如果 2017 年的基金缺口全部由地方财政负担，将占到地方财政收入的近一半。从全国范围比较来看，2017 年全国城镇职工基本养老保险基金征缴收支缺口占公共财政收入比重为 6.8%，大约为辽宁省的七分之一。由此可见，弥补养老保险收支缺口给辽宁地方财政带来了较重负担。

表 2.5　　2009—2017 年辽宁省社保基金缺口与财政收入情况

年份	社保基金征缴收支缺口（亿元）	公共财政收入（亿元）	收支缺口占财政收入的百分比
2009 年	−122.4	1591.22	7.69%
2010 年	−176.2	2004.84	8.79%
2011 年	−156.4	2643.15	5.92%
2012 年	−204.2	3105.38	6.58%
2013 年	−210	3343.81	6.28%
2014 年	−448.7	3192.78	14.05%

续表

年份	社保基金征缴收支缺口（亿元）	公共财政收入（亿元）	收支缺口占财政收入的百分比
2015年	－693	2127.39	32.58%
2016年	－886.6	2200.49	40.29%
2017年	－1072.3	2392.8	44.81%

资料来源：wind数据库整理计算而得。

（三）基本养老保险省级财政补贴逐年增加，省级财政负担持续增大

城镇职工基本养老保险的收支平衡，主要依赖于缴费收入和各级政府的财政补贴收入。辽宁省省级财政对社保基金的补贴，主要用于弥补城镇职工基本养老保险，因此其补贴规模的大小能够有效反映省级财政负担情况。由表2.6可知，辽宁省省级财政对社保基金的补贴逐年增加，从2012年的49.84亿元，增加到2016年的144.92亿元，4年间增加了近2倍；其占一般公共财政收入的比重也逐年提高，从2012年的1.61%，提高到2016年的6.59%。但是省级财政补贴占养老保险基金缺口的比重却在持续缩减，2012年省级财政补贴可以弥补24.41%的基金缺口，到了2016年仅能弥补16.35%的基金缺口。由此可见，虽然省级财政补贴在逐年增加，但是补贴规模的增长不及养老保险基金缺口规模增长的速度快，养老保险基金缺口的持续扩大加重了省级财政负担。

表2.6　　2012—2016年辽宁省级财政对社保基金补贴情况

年度	省级财政对社保基金的补贴（亿元）	养老保险征缴收入与支出缺口（亿元）	财政补贴占基金缺口的比重	一般公共财政收入（亿元）	财政补贴占财政收入的比重
2012	49.8445	－204.2	－24.41%	3105.38	1.61%
2013	57.4599	－210	－27.36%	3343.81	1.72%
2014	66.2153	－448.7	－14.76%	3192.78	2.07%
2015	75.5487	－693	－10.90%	2127.39	3.55%
2016	144.9244	－886.6	－16.35%	2200.49	6.59%

资料来源：Wind数据库整理计算而得。

（四）基本养老保险市级财政负担差异性较大，整体负担偏重

辽宁省市级城镇职工基本养老保险基金收支缺口占地方公共财政收入

的比重可以反映出各市的财政负担情况。由表 2.3 可知，按照 2017 年当期养老保险收支缺口占一般公共财政收入比重的大小，可将市级财政负担分为以下三类：轻压力区（0＜比例＜10％）：大连、沈阳、盘锦、葫芦岛、营口；中等压力区（10％＜比例＜50％）：朝阳、鞍山、辽阳、锦州、铁岭、本溪；高压力区（比例＞50％）：阜新、抚顺、丹东。高压力地区财政收入一半以上用以弥补收支缺口都不够。由此可见，辽宁省基本养老保险市级财政负担情况差异较大，轻压力地区占比偏小，而中、高压力地区占比偏多，市级财政负担整体偏高。

（五）基本养老保险负债风险增加，地方财政抗风险能力堪忧

辽宁省城镇职工基本养老保险收支缺口从 2015 年开始出现并不断扩大，且基金累计结存持续缩减，这表明辽宁在使用了中央和地方各级财政补助资金外，地方财力仍无法弥补基金缺口，只能动用累计结余来补充。伴随着未来基金缺口的进一步扩大，如果中央财政补助力度不能有效增加或者通过其他资金渠道进行有力补充，地方财政负担会持续加重，基金累计结余规模可能为负，到那时辽宁只能通过负债来确保城镇职工基本养老保险的支付需求。如果负债最终由地方财政承担，将进一步扩大辽宁地方债规模，导致债务率攀升，引发地方财政风险，并给经济社会发展带来一系列不良后果。从全国范围比较来看，虽然 2017 年全国有 6 个省份存在城镇职工基本养老保险收支缺口，但只有黑龙江一个省份基金累计结存为负，这表明辽宁相对于全国大部分省市，养老保险财政负担偏重，抗风险能力堪忧。

三、辽宁省城镇职工基本养老保险隐性债务的测算

（一）辽宁省财政收入增长趋势测算

根据大量统计研究，财政收入增速与 GDP 增速之间存在着相对稳定的正相关线性关系，因此，利用 1990－2017 年间辽宁财政收入和 GDP 的数据，首先对 GDP 和辽宁财政收入都进行对数差分，剔除掉单位根，GG 代表 GDP 的增速，CZG 代表财政收入增速，通过 STATA 软件对辽宁财政收入与 GDP 进行回归分析，OLS 回归结果如下：

$$GG = 0.453611409844 \times CZG$$

VAR Model一结果如下：

GG＝0.722613597032×GG（－1）＋0.0277569672087×GG（－2）＋0.209359501692×CZG（－1）＋0.153858503857×CZG（－2）－0.0292811597565

CZG＝0.12396165778×GG（－1）－0.110870254653×GG（－2）＋0.0430023623177×CZG（－1）＋0.422205339884×CZG（－2）＋0.0492670268348

根据李京文在《21世纪中国经济长期预测（2000－2050年）》中的预测，我国2011－2050年GDP增长率如下：2011－2020年为6.4％，2021－2030年为5.4％，2031－2040年为4.9％，2041－2050年为4.3％。参考辽宁省政府工作报告中对2018年地区生产总值的预测为6％左右，取平均值得到2018－2020年的GDP增速预期为：6.2％，2021－2030年GDP增速为5.7％。根据此指标，预测辽宁省2018－2030年的财政收入的预期为，如表2.7所示：

表2.7　　2018－2030年辽宁财政收入状况预测　　单位：亿元

年度	GDP	财政收入
2018	25091.03	2326.00
2019	26646.68	2391.42
2020	28298.77	2458.67
2021	29911.80	2522.24
2022	31616.77	2587.46
2023	33418.93	2654.36
2024	35323.81	2722.99
2025	37337.27	2793.40
2026	39465.49	2865.62
2027	41715.02	2939.71
2028	44092.78	3015.72
2029	46606.07	3093.70
2030	49262.61	3173.69

（二）辽宁省城镇职工基本养老保险基金缺口测算

由于辽宁省社保基金支出增速波动性较大，因此数据的可获得性，仅分析城镇职工基本养老保险基金缺口，此缺口占到社保基金缺口的60%以上。因此佟昕于2018年在人口老龄化背景下，通过Matlab编程对辽宁省养老保险基金缺口进行了测算，结果如下：

表2.8　　2018—2030年辽宁省基本养老保险基金收支预测　　单位：亿元

年份	养老金收入	养老金支出	收支缺口
2018	967.26	1095.56	－128.3
2019	966.73	1145.16	－178.43
2020	972.89	1177.83	－204.94
2021	963.81	1209.62	－245.81
2022	955.92	1237.23	－281.31
2023	943.22	1276.04	－332.82
2024	924.41	1332.16	－407.75
2025	910.77	1374.43	－463.66
2026	896.88	1415.42	－518.54
2027	887.96	1445.13	－557.17
2028	881.32	1468.5	－587.18
2029	871.84	1498.58	－626.74
2030	861.79	1525.31	－663.52

资料来源：佟昕.人口老龄化背景下辽宁省养老金缺口测算[J].统计与决策，2018(3).

（三）辽宁省养老保险基金地方财政压力测算

通过以上对辽宁省2018—2030年财政收入的预测以及基本养老保险基金收支的预测，可以推算出地方财政对基本养老保险基金的支持能力，即养老保险基金缺口财政负担率。如表2.9所示，2018年基本养老保险收支缺口占财政收入的比重为3.35%，到2030年将上升到20.91%。从辽宁省经济社会发展形势来看，辽宁省财政通过调整财政支出结构，进一步加大对社保基金补贴力度的空间受到了一定的限制，在加大财政补贴的同时，必须积极考虑提出弥补社保基金缺口的综合方案。

表 2.9　2018—2030 年辽宁省基本养老保险收支缺口占财政收入的比重

年度	基本养老保险收支缺口（亿元）	财政收入（亿元）	收支缺口占财政收入比重
2018	−128.3	2326.00	−0.05516
2019	−178.43	2391.42	−0.07461
2020	−204.94	2458.67	−0.08335
2021	−245.81	2522.24	−0.09746
2022	−281.31	2587.46	−0.10872
2023	−332.82	2654.36	−0.12539
2024	−407.75	2722.99	−0.14974
2025	−463.66	2793.40	−0.16598
2026	−518.54	2865.62	−0.18095
2027	−557.17	2939.71	−0.18953
2028	−587.18	3015.72	−0.19471
2029	−626.74	3093.70	−0.20259
2030	−663.52	3173.69	−0.20907

（四）辽宁省级财政资金对养老保险基金财政补贴额度的预测

由于中央财政对养老保险基金的财政补贴数据无法获得，仅从省级财政对养老保险财政补贴的预测分析入手。2016 年省级养老保险补贴占财政收入的比重为 4.5%，随着未来多渠道弥补养老保险基金缺口措施的实施，以及经济增长和财政收入增长速度放缓的影响，未来养老保险的财政补贴增速可能趋缓，现在假定未来省级养老保险财政补贴占财政收入的比重每年提高 0.1 个百分点，则 2018—2030 年省级财政养老保险财政补贴情况如表 2.10 所示，省级财政补贴金额从 2018 年的 104.069 亿元，增加到 187.25 亿元，但同期养老保险收支缺口扩张速度更快，从 2018 年的 75.85 亿元增加到 2030 年的 663.52 亿元，财政补贴占基金缺口的比重也从 2018 年的可以弥补缺口并略有节余，到 2030 年仅能弥补 28.2% 的基金缺口。由此可见，从省级财政补贴对于养老基金缺口的弥补具有一定的支撑作用，但是效果随着时间的推移逐渐减弱，支撑能力严重不足，仅仅依靠财政补贴的手段来弥补养老保险日益扩张的基金缺口是行不通的。

表 2.10　　2018－2030 年省级养老保险财政补贴预测

年度	财政收入	省级养老保险补贴占财政收入的比重	省级财政对基本养老保险的补贴	基本养老保险基金缺口	省级财政补贴占养老保险基金缺口的比重
2018	2326	4.70%	109.322	－128.3	－0.85208
2019	2391.42	4.80%	114.7882	－178.43	－0.64332
2020	2458.67	4.90%	120.4748	－204.94	－0.58785
2021	2522.24	5.00%	126.112	－245.81	－0.51305
2022	2587.46	5.10%	131.9605	－281.31	－0.46909
2023	2654.36	5.20%	138.0267	－332.82	－0.41472
2024	2722.99	5.30%	144.3185	－407.75	－0.35394
2025	2793.4	5.40%	150.8436	－463.66	－0.32533
2026	2865.62	5.50%	157.6091	－518.54	－0.30395
2027	2939.71	5.60%	164.6238	－557.17	－0.29546
2028	3015.72	5.70%	171.896	－587.18	－0.29275
2029	3093.7	5.80%	179.4346	－626.74	－0.2863
2030	3173.69	5.90%	187.2477	－663.52	－0.2822

通过以上辽宁省地方公共财政对社保基金缺口的现实支撑能力分析，以及对 2018－2030 年辽宁省财政收入与财政补贴对养老保险基金支撑能力的预测分析可知，辽宁省社保基金缺口将会持续扩大，而地方财政收入增速放缓，财政补贴力度即使在不断适度提高的前提下，也无法弥补社保基金收支缺口，仅仅依靠地方财政的兜底是不可行的，只有依靠中央财政的更大支持，以及积极拓宽弥补社保基金缺口的多元化渠道才是未来实现可持续发展的必由之路。

四、辽宁省镇职工基本养老保险隐性债务负担过重的原因分析

（一）基本养老保险事权与支出责任划分不清

中央和地方作为养老保险制度共同管理的主体，长期以来存在事权与支出责任划分不清的问题，这就导致了基金收支缺口最终还是由地方各级

政府来消化，加剧了地方财政尤其是县乡财政的负担，严重影响了养老保险基金配置效率和使用效率。一是基本养老保险事权和支出主体责任归属地方导致地方财政负担持续加重。2018 年 6 月《关于建立企业职工基本养老保险基金中央调剂制度的通知》出台，明确指出省级政府承担确保基本养老金按时足额发放和弥补基金缺口的主体责任。根据目前辽宁经济发展和地方财政收入状况，无力完全承担中央财政补贴后养老保险基金缺口的兜底责任，长期以来支出主体责任归属地方是导致地方财政负担过重的原因之一。二是中央财政对城镇职工基本养老保险的补贴政策尚未形成制度化。中央与地方在养老保险财政补贴方面未建立合理的分担机制，如表 2.11 所示，中央财政补贴占财政补贴总额的比重从 2009 年的 80.57%，下降到 2017 年的 54.7%，各年的比例差异较大，尤其是 2017 年，相当于中央和地方各承担一半的补助责任。中央财政补贴政策的非规范化造成了基金收支失衡地区地方财政补助压力持续增大。三是城镇职工基本养老保险基金统筹层次偏低。2007 年劳动和社会保障部、财政部提出了省级统筹的六个标准，但是截至 2015 年，仅有北京、上海、天津、重庆、陕西、青海、西藏等少数省市区实现了基本养老保险基金省级统收统支。辽宁省目前还停留在建立省级、地市级调剂金阶段。基金统筹层次低造成了辽宁省各市间养老保险财政负担差异性较大，不利于养老保险制度的可持续发展。

表 2.11　中央与地方财政对城镇职工基本养老保险基金的补贴情况

年度	各级财政补贴（亿元）	中央财政补贴	中央财政补贴占财政总补贴的比例
2009	1646	1326.2	80.57%
2010	1954	1585	81.12%
2011	2272	1846.9	81.29%
2014	2548	3027	85.32%
2015	4716	3598	76.29%
2017	8044	4400	54.70%

资料来源：《辽宁省人力资源和社会保障事业发展统计公报（2009—2017）》

（二）人口结构的老龄化特征突出

近年来，辽宁省人口结构表现出了低出生率、人口预期寿命提高、城镇化率偏高等特点，人口的老龄化是造成养老保险基金收支缺口扩大的重要原因。一是辽宁省已经步入深度老龄化社会，社会养老负担加重。截至2017年末，辽宁省60周岁及以上户籍老年人口958.74万人，占总人口的22.65%，与全国均值17.3%相比，高出了5个百分点；65周岁及以上户籍老年人口608.17万人、占总人口14.37%①。2017年辽宁省的出生率为6.49%，与全国均值12.43%相比，低了6个百分点。辽宁省老年人口比重的上升和出生率的下降，导致了养老保险财政负担持续加重。二是辽宁省城镇职工基本养老保险抚养比偏低。辽宁省城镇职工基本养老保险抚养比持续下滑，如表2.12所示，从2009年的2.24：1，下降到2017年的1.58：1，不仅远低于排名第一的广东省8.29：1的水平，而且低于全国平均水平2.73：1，这相当于辽宁省1.5个在职职工养一个退休职工，而全国是近3个在职职工养一个退休职工，伴随着未来抚养比的进一步下降，养老保险财政支付压力持续增大。三是辽宁省城镇职工基本养老保险制度赡养率偏高，且上升态势明显。辽宁省在职职工参保人数的增长率长期低于离退休人数的增长率，在2014—2016年有连续3年负增长，9年的平均增速仅为2.32%，远低于离退休人数的平均增长率6.48%，这就造成了制度赡养率从2009年的44.58%，提高到了2017年的63.1%。从全国范围比较来看，2017年全国制度赡养率的均值为37.67%，最低的广东省仅为12.06%。由此可见，辽宁省制度赡养率偏高，新加入的劳动力较少，未来养老保险财政负担将会持续加重。

---

① 联合国规定，当一个国家或地区65岁及以上老年人口数量占总人口比例超过7%时，这个国家或地区就进入了老龄化；比例达到14%即进入深度老龄化；20%则进入超老龄化。

表 2.12　2009—2017 年辽宁省城镇职工养老保险参保人员情况

年度	城镇在职职工人数（万人）	增长率	城镇离退休人数（万人）	增长率	城镇职工养老保险抚养比	城镇职工养老保险制度赡养率
2009	1008.0	3.24%	449.4	4.54%	2.24	44.58%
2010	1024.2	1.61%	472.7	5.18%	2.17	46.15%
2011	1070.1	4.48%	486.5	2.92%	2.20	45.46%
2012	1098.8	2.68%	510.4	4.91%	2.15	46.45%
2013	1171.7	6.63%	557.8	9.29%	2.10	47.61%
2014	1167.3	−0.38%	610.9	9.52%	1.91	52.33%
2015	1139.7	−2.36%	640.5	4.85%	1.78	56.20%
2016	1120.5	−1.68%	679.7	6.12%	1.65	60.66%
2017	1195.5	6.69%	754.4	10.99%	1.58	63.10%

资料来源：《辽宁统计年鉴 2018》

（三）历史遗留因素带来的高转制成本

辽宁省作为东北老工业基地的代表，计划经济时期形成的养老负担给城镇职工基本养老保险基金的正常运营和调整带了极大的挑战。一是 1997 年实行全国统一的企业职工基本养老保险制度之前，辽宁省离退休人员数在全国排名第一，而总人口数却在全国排名十三，离退休人员占比偏重。辽宁省已经参保的离退休人员占到全国的 9.5%，这部分的缴费由当期征收的养老保险基金支付，因此城镇职工基本养老保险制度建立之初，辽宁省就承担了较高比例的离退休养老金发放任务，转制成本要高于其他地区。二是部分央企养老保险的下放，给辽宁省地方财政带来一定负担。据统计，1998 年辽宁省接受原央企离退休人员 45 万人，即使在一定时期内国家给予了一定的补助，但是相对于庞大的退休人员规模以及每年待遇的调整，辽宁省养老保险基金支付压力持续增大。三是 90 年代开始的国企改制、减员增效、政策性破产加重了辽宁省养老保险财政负担。在改革过程中，辽宁省曾陆续关闭了煤炭、有色金属等多家资源型枯竭企业，破产企业的养老保险欠费按破产前的上级主管单位和地方财政各支付一半来处理，有的困难企业甚至完全由地方财政兜底，加重了地方财政负担。总之，由于历史遗留因素，辽宁省养老保险负担沉重，地方财政需要相当长的一段时间才能逐渐消化掉巨额的转制成本。

（四）国家政策调整导致基金政策性缺口扩大

近年来，国家政策要求逐年提高退休人员养老金待遇，也进一步拉大了基金政策性缺口。一方面，离退休人员月平均工资连年增长，拉大了基金缺口。据统计，从2004年开始辽宁省通过企业退休人员养老金调整，实现企业退休人员养老金"十三连涨"。2017年企业离退休人员月平均工资达到2431元，年均增幅在10%左右，其中许多年份的增速高于同期经济增长速度、保费增长速度以及公共财政收入增速。而企业离退休人员养老金调整的增量部分由国家按照40%补助，其余60%需要自负，这给财力并不充裕的辽宁省地方财政带来的一定的负担。另一方面，辽宁省养老保险替代率偏低，保障能力受限。国际上一般利用养老保险替代率来衡量和反映退休人员基本生活保障水平，简单估算一下，2017年辽宁省城镇职工月平均工资为4654元，离退休人员月平均工资为2431元，养老保险替代率大约为52.23%。我国基本养老保险的目标替代率在60%左右，同时世界银行建议，如果退休后生活水平想要与退休前相当，养老金的替代率需要达到70%以上，国际劳工组织建议的养老金替代率最低标准为55%。比较可知，辽宁省养老保险替代率偏低，并不能有效满足退休群体的养老需求，且企业年金覆盖范围非常小，第三支柱的商业养老保险又尚未成型，辽宁省养老保险体系的保障能力有限。

（五）经济低速发展抑制地方财政收入长效增长

辽宁省城镇职工基本养老保险财政负担过重，不仅仅是因为作为分子的基金收支缺口逐步拉大，还有作为分母的地方财政收入规模增长乏力。近年来受到经济增速放缓、产业结构调整、资源枯竭型城市转型、地方债务风险加剧等多重因素的影响，辽宁经济陷入低谷期，2016年GDP增速为−2.5%，成为全国唯一负增长的省份，2017年增速略有回升，达到4.2%。受到经济低速发展的影响，如图2.5所示，辽宁省公共财政收入增速在2011年达到最大值31.7%后，开始急速下滑，2014年和2015年甚至出现负增长，2017年逐步回升到8.7%；公共财政收支缺口也从2009年的1091.2亿元，扩大到2017年的2486.6亿元，收支差距逐步拉大。地方财政收入的增长乏力造成了对城镇职工基本养老保险支持力度严重不足，2017年辽宁城镇职工基本养老保险基金支出占地方财政收入的比重高达92.2%，基本养老保险基金征缴收支缺口占地方财政收入比重为44.81%，地方财政作为养老保险基金收支缺口的最终兜底方，其支持能力已经被严重削弱。

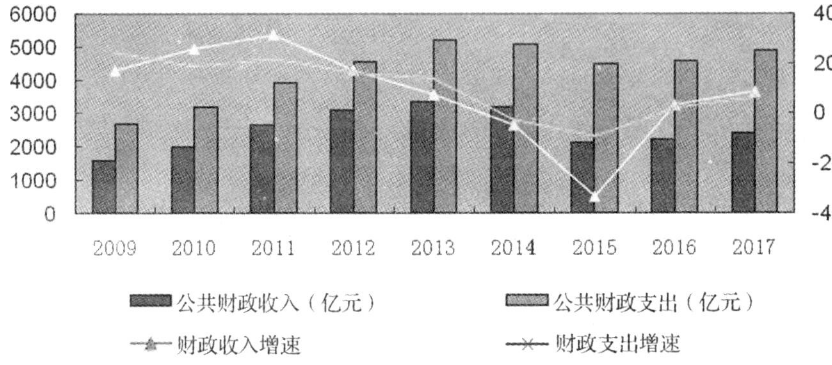

图2.5　2009—2017年辽宁省公共财政收支情况

五、化解养老保险隐性债务风险，减轻辽宁地方财政负担的政策建议

（一）推进财税体制改革，明确基本养老保险财政责任

1. 明确基本养老保险的财政事权与支出责任

公共财政对一个国家或地区经济发展和资源配置起到了关键性的引导作用，尤其对于养老保险制度的顺利实施，具有重要的引领和支持作用。辽宁省城镇职工基本养老保险基金收支失衡问题的根源之一在于长期以来各级政府未能在养老保险制度中定义好财政事权与支出责任。一是建议中央承担城镇职工基本养老保险事权和支出主体责任。2018年6月《关于建立企业职工基本养老保险基金中央调剂制度的通知》出台，明确指出省级政府承担确保基本养老金按时足额发放和弥补基金缺口的主体责任，此文件的出台是全面推动城镇职工基本养老保险财政责任制度化的重要一步。但是，对于辽宁省这类养老保险基金缺口较大、财政收入规模有限的省份来说，省级政府作为养老保险基金缺口的兜底方，其支撑能力不足。笔者认为，在当前中央财权比重大，而地方事权过重的情形下，养老保险制度

作为我国一项事关民生福祉的重要保障制度，中央应该承担主体事权和支出责任，地方应该承担相应的配合责任。二是明确中央对转制成本的财政事权责任。沉重的历史负担，过高的转制成本给辽宁地方财政带来巨大压力，建议尽快建立转制成本的偿还机制，并明确中央财政对历史债务偿还的主体责任以及与地方的分担比例。在养老保险全国统筹实施之前，彻底剥离辽宁历史债务，减轻地方财政负担。三是促进基本养老保险财政补助制度化。建议进一步优化财政支出结构，加大中央财政对基本养老保险转移支付的力度，重点投入到辽宁省等基金收支矛盾较为突出的地区，从而促进地区间均衡化发展。另外，明确中央与地方财政补贴的分担比例，根据地方人口结构、历史转制成本、经济发展等实际情况，通过精算平衡确定不同的分担比例，并划分地方财政补贴占地方财政收入的最高界限，一旦补贴比例超过界限，可以通过中央调剂金、全国社保基金等其他资金进行补充，从而有效预防地方财政风险的发生。

2. 稳步推进养老保险基金全国统筹

党的十九大报告中提出，要尽快实现基本养老保险的全国统筹，这是确保养老保险更加公平、更可持续的重要举措。一方面，尽快实现省级统筹。为实现 2020 年省级统筹的目标，辽宁省政府应该尽快出台进一步完善城镇职工基本养老保险省级统筹的相关文件办法，明确各级政府责任划分、促进养老保险信息化建设，加强基金监管，从而实现省内养老保险基金的充分利用，均衡省内地区间差异，为全国统筹的真正实现创造有利条件。另一方面，进一步完善中央调剂制度。2018 年 7 月 1 日开始实施企业职工基本养老保险基金中央调剂制度，这是实现养老保险全国统筹的重要举措，有利于均衡地区之间的养老保险财政负担，分散区域财政风险。2019 年企业养老保险中央调剂基金预算为 4844.6 亿元，广东省成为贡献最多的省份，而辽宁省由于中央调剂基金上解少而拨付多成为最大的受益者，预算能够拨付到 215.8 亿元。如果以辽宁省 2017 年养老保险收支缺口规模 343.8 亿元来看，中央调剂基金可以填补大部分收支缺口，有力地减轻地方财政负担。未来，应进一步完善中央调剂制度，适当提高中央调剂比例，从而加大对缺口省（直辖市、自治区）的调剂力度，为实现养老保险基金全国统筹做好充分准备。

3. 完善基本养老保险基金预算管理体系

完善基本养老保险基金财政预算决算管理体系，使养老保险基金向规范化、科学化、透明化方向发展。首先，完善中央和地方政府间预算信息沟通和反馈机制。将中央财政给予地方养老保险的财政补贴、居民交纳的各类养老保险费全部列入预算管理，严格执行专款专用，防止由于预算管理制度的缺失，造成违法违规使用基金情况的发生。其次，建立基于精算平衡的养老金指数化调整机制。建立养老保险精算平衡制度，促进养老保险财政补贴更加科学化，以“精算公平”代替“再分配公平”。建议从市级政府开始编制精算报告，自下而上层层汇总，到省级、全国养老保险精算报告，报告可以以一年或者三年为周期，内容根据人口结构变化以及经济社会发展形势等对养老保险基金收支情况做出较为准确的评估、预测和预警。决策部门可以根据精算报告，对养老保险基金预算进行动态调整，并制定出相应的改革方案，确保调整后的养老保险基金达到适度合意水平。最后，完善养老保险基金监管机制。辽宁省应该建立养老保险基金多元化、多层次的信息披露制度，加强基金的内外部监督和控制，严厉打击借用职权的违法行为，加强审计检查，确保基金的安全和有效运转。

（二）加大财政社保支出规模，进一步优化地方财政支出结构

2017 年辽宁省社会保障与就业支出占财政总支出的比重为 27.47%，虽然此比例在国内排名第一，但是远低于发达国家 40%～60%的水平，没有完全体现出财政资金对社会保障分配统筹的偏向性特点。一方面，进一步优化财政支出结构。辽宁省应该继续压缩行政支出和一般性投资支出所占比重，制定出公共财政支出向社保支出倾斜的相关政策，并加大社保对城镇职工基本养老保险的投入力度，从而达到调节收入分配，促进各市基本养老保险整体给付水平朝适度水平发展。另一方面，积极推进事业单位改革。辽宁省通过将经营性事业单位推向市场，精简机构、精简人员、缩减事业经费等方式，继续压缩财政行政性支出，为社保类民生支出的增加提供可操作空间。总之，通过财政支出结构的不断优化，支出绩效的不断提升，辽宁地方财政对城镇职工基本养老保险的支持力度被进一步提高。

（三）拓宽养老保险基金筹资渠道，提高养老保险基金投资收益

1. 加速划拨国有资产补偿社保基金的进程

划拨国有资本充实社保基金是最具有可行性和操作性的弥补社保基金缺口、减轻地方财政负担的有效途径。2017 年 11 月出台的《国务院关于印发划转部分国有资本充实社保基金实施方案的通知》对各省（直辖市、自治区）进一步推动国有资本划转社保基金提供了指导性意见。一方面，从央企资本划转来看，截至 2018 年底，已完成 18 家中央企业股权划转，划转规模达到 750 亿元，这意味着国资充实社保基金的速度和规模都在大幅度提升。另一方面，从辽宁省地方国企资本化转来看，2016 年 11 月，辽宁省国资委陆续完成 10 家省属企业向省社会保障基金理事会划转 20% 国有股权，置换国有资产 426 亿元。① 未来，辽宁应该积极探索国有资产划转的实践，国有资产变现的形式也可多样化，例如，向民营资本和外资资本转让出售部分国有资产变现，通过产权市场转移国有股的股权，划拨一部分国有股权收益等；划拨比例可以考虑先按照国家规定的试点 10%来划拨，随后根据地方经济社会发展情况和试点执行情况的总结，辽宁省可以申请适度提高划拨比例，进一步补充社保基金。通过划拨部分国有资本充实社会保障基金，不仅有利于保障社保基金稳定的资本来源，弥补养老保险基金收支缺口，还有利于优化上市公司股权结构，促进证券市场发展。

2. 扩大养老保险基金投资范围

推动社保基金市场化、专业化和多元化的投资运行，不断扩充社保基金收入规模，从而在保证安全的条件下实现其保值增值的目标。一是增加养老保险基金入市比例。2015 年 8 月《基本养老保险基金投资管理办法》出台，截至 2018 年底，累计已有 17 个省区市委托社保基金理事会投资基本养老保险基金 8580 亿元，已有 6050 亿元到账并开始投资，养老保险基金入市比例仍有提升空间。二是扩大养老保险基金投资范围。目前我国基本养老保险基金的投资主要集中在银行存款和国债等保守的方式上，股票等权益类产品合计不超过资产净值的 30%，这样有效地规避了风险，但是投资收益率较低。从发达国家养老金投资比例来看，约有 40%～50%的比

① 充实社保，“家底”国资划转迈开步伐，《中国劳动保障报》2017 年 5 月 5 日

例投资于权益类资产。未来可尝试在控制投资风险的同时，适当增加权益类公募产品的投资，增强养老保险基金的保值能力。三是推进辽宁省社保基金理事会养老保险基金的投资运营。2016年年底，辽宁省社保基金理事会委托农银汇理基金、建行辽宁省分行和建信养老金管理公司运营首期省养老保险风险基金90亿元，在投资运作、资金托管、融资授信等方面开展全面合作。未来，辽宁省社保基金理事会应该探索基金托管等模式，积极与专业投资管理机构合作，根据社保基金投资周期长等特点，采取信托贷款、直接股权投资、私募股权基金（PE）、境外投资等多元化投资组合，科学优化投资结构，从而真正实现养老保险基金的保值增值，缓解养老保险基金缺口给地方财政带来的压力。

3. 启动实施全国社保基金使用规划

全国社保基金是中央政府集中的社会保障战略储备，主要用于弥补未来人口老龄化高峰时期的社会保障需要，但是目前还没有利用全国社会保障基金弥补城镇职工基本养老保险基金的具体规划。截至2017年末，社保基金管理的资产规模是25385亿元人民币，2017年全国社保基金投资收益率达9.68%，其中基本养老保险金的投资收益是5.23%，7年年均投资收益率达到了8.44%，高过通货膨胀率6.15个百分点，实现了保值增值。未来伴随着全国社保基金规模的稳定增长，以及地方养老保险基金缺口的持续扩大，应该尽快启动实施全国社保基金补充养老保险基金的具体规划。建议通过中长期贷款或者直接划拨资产等方式弥补地方养老保险基金缺口，充分发挥全国社保基金的调剂职能，减轻养老保险地方财政负担。

4. 探索开征社会保障相关税种

借鉴国际经验，探索开征社会保障税。社会保障税作为西方发达国家的主体税种，具有完善地方税种、确保社会保障制度公平可持续、促进地方经济发展等功能。据统计，西欧等部分发达国家的社保税征收额已经达到税收总额的30%，有力地支持了社保保障事业的可持续发展。我国可以通过将养老保险费转变为税的形式，有效增大征缴力度和规模，改善劳动密集型企业养老保险负担较重的问题；与个人所得税制和企业所得税制的配套改革相结合，继续优化税制结构，例如，开征遗产税、资源税等财产税，确立财产税作为地方税主体税种的地位，完善地方税体系，充实地方财政实力。对于辽宁省来说，应该继续完善各项税种的征收和管理，为开征社保税做好保障。

第四节　促进企业职工基本养老保险可持续的政策建议

一、完善企业职工基本养老保险制度

养老保险财政补贴压力增大的根本原因来自于养老保险基金收支缺口不断增大带来的外部资金需求的增加，因此，减轻养老保险财政补贴负担，维持基本养老保险基金系统可持续运行，首先应当促进基本养老保险系统内源性增收。

（一）延长退休年龄

延长退休年龄对减轻养老保险财政负担具有显著效果，但延长退休年龄不是一蹴而就的，退休年龄的延长势必会遭到在职职工的反对，这从法国延迟退休年龄导致的全国大罢工中可见一斑，因此，退休年龄应逐步延长。此外，退休年龄的延长必然与社会年龄构成相一致，既保障年轻一代的就业水平，又考虑到中高龄人口的承受能力。根据OECD国家延迟退休年龄的经验，当65岁以上人口占全部人口的比重达到14%以上时，国家开始启动延迟退休方案，将退休年龄延迟到65岁前后。

（二）提升养老保险征管权威

目前，应提升养老保险收缴工作的地位。根据《国税地税征管体制改革方案》，自2019年1月1日起，养老保险费由税务部门统一征收，这就增加了养老保险缴纳的强制性，使养老保险费缴费基数的核定工作真正开始发挥作用。未来，养老保险费的缴纳还应作为一项法律规定确定下来，一方面，对养老保险征缴过程中的欠缴、逃缴行为明确法律责任，存在欠缴、逃缴行为的单位和个人不仅应及时补缴，还应按照相关规定加倍处罚，从而提升养老保险遵缴率，改善养老保险收入状况。另一方面，对于税务机关征缴养老保险费时及时根据自身收入额变动情况申报更新缴费基数的示范性个体工商户或灵活就业人员，可通过建立养老保险缴费征信系

统，将其与其他纳税征信系统相联系，通过对其信用情况进行打分评级；对于信用排名靠前的个体工商户或灵活就业人员，给予其申报缴税的便利条件，并通过示范性宣传等帮助个体工商户提升其商业形象，从而鼓励其积极缴费，减轻税务部门缴费基数核定工作量。

（三）降低企业缴费率水平，适当提升个人缴费水平

提升企业遵缴率，除了在准确核定企业缴费基数上下功夫之外，还要注意企业缴费率水平的高低。目前我国企业职工养老保险参保人员主要集中于国有集体企业以及外资单位的正式就业人员，而个体工商户、灵活就业人员、农民工、非正式就业人员的参保率很低，这主要是由于企业缴费率水平设定过高，超出了企业的承受能力，导致企业逃缴社保费。因此，要扩大养老保险覆盖范围，重点在于促进个体工商户、灵活就业人员和非正式工作人员参保，关键在于降低企业缴费率水平。目前我国企业养老保险缴费率为20%，远高于经济发达国家美国的6.2%，养老保险全覆盖国家德国的9.3%，高福利国家瑞典的9.25%。相反，我国基本养老保险个人缴费率为8%，缴费率较低，可适当提升。

2019年政府工作报告指出，2019年要明显降低企业社保缴费负担，下调城镇企业职工基本养老保险单位缴费比例，各地可降至16%。根据测算，当企业遵缴率为70%时，企业缴费率为16%的水平相当于在60%遵缴率水平下的20%的缴费率；当企业遵缴率为80%时，企业13%的缴费率水平相当于在60%遵缴率水平下的20%的缴费率水平；当企业遵缴率为90%时，企业缴费率仅为10.6%即可达到60%遵缴率水平下的20%的缴费率水平。

此外，在个人缴费能力方面，目前个人社会保障个人11%的缴费承担比例仍存在较大提升空间。为保守起见，建议根据税务部门社保费征缴情况确定企业缴费率水平的下降比例，同时等比例的提升个人缴费率水平。

（四）鼓励退休再就业人员延长养老保险缴费年限

延长养老保险缴费年限和缩短养老保险领取年限的方法，一方面可通过延长退休年龄来实现，另一方面，可通过促进退休人员再就业，鼓励退休再就业人员继续缴纳养老保险费来实现。退休再就业人员或者掌握专业的生产技术，或者是在某一领域有特殊建树，从而树立了其在该领域的权

威，这就为其再就业创造了基本条件。因此，退休再就业人员往往在职时就参与了养老保险的缴纳，应鼓励其按照8%的个人缴费标准继续缴纳养老保险费，缴费计入其个人账户。同时，可通过税收减免的方式，就其个人所得超过个税免征额的部分，再减除养老保险缴费部分进行税收征收，而对于其退休后个人账户缴费形成的收益部分，免与征收个人所得税。这在一定程度上可增加养老保险费的现期收入，缓解养老保险系统的支出压力。

二、大力发展多层次养老保险体系

企业职工基本养老保险系统财政补贴压力的一部分来自于收入增速的减缓，另一部分则来自于支出部分的增加。养老保险支出增加的原因一部分来源于退休人数的增加，另一部分来自于退休职工人均养老金待遇的提升。而导致养老金待遇不断提升的重要原因是养老保险体系严重依赖基本养老保险，而作为第二支柱的商业保险和作为第三支柱的个人储蓄性养老保险发展缓慢，为保障职工必要的生活水平，基本养老保险退休职工退休费用只能不断调增。2019年，养老保险基金由原来的税务部门代扣代缴转变为核定征收，虽然这一举措使得合规企业的逃费问题得以解决，但对于个体工商户和灵活就业人员等非正式就业人员缴费却难以起到作用，加上为减轻企业负担，国家明确提出企业社保费降低的目标，使得社保基金收入依靠正规企业缴费增收变得不太可能。未来，各省（直辖市、自治区）要通过大力发展第二、第三支柱的养老保险，使其更多地承担共享经济发展成果和保障职工生活水平不下降的职能，而基本养老保险则主要发挥平滑职工收入和调节社会分配的职能，从而减轻因基本养老保险承担职能过多带来的财政基本养老保险补贴负担。

（一）加快实行税收优惠政策

在人口老龄化背景下，单一的养老保险模式给政府财政带来很大负担，个人储蓄型养老作为一种补充养老模式，能较好地为政府分担养老压力。个人储蓄养老账户也调动了人们个人养老行为的积极性，基于此，我们应该探索出适当的税收优惠政策，将税收优惠和个人经济行为结合起来，不但完善养老体系的多层次发展，也推动其他经济良好发展。

（二）大力促进各类补充养老计划的创新发展

目前各类补充养老保险的设计都要快速发展。加大政府对企业年金运行机制的支持，大幅降低企业负担，增加员工福利，积极利用互联网大数据改变传统养老保险形式，转变养老保险机制运行的形式，可以适度发展社区养老保险计划，家庭养老保险计划等，利用大数据更深入地了解到员工企业的需求，建立适合企业发展的养老保险计划机制，让更多的企业和员工覆盖进来。这既可促进和补充养老保险的加速发展，也有助于促进员工个人合理安排各项收入计划、增强自我保障的责任感。

（三）充分发挥商业养老保险的重要作用

未来应对人口老龄化的挑战越来越大，亟须从战略高度考虑商业养老保险等其他补充养老保险计划。商业保险需要通过机制创新、市场创新、产品创新和服务创新来增强其在多层次养老保险体系中的战略发展定力；需要有国家的财政政策支持、金融政策支持和技术能力支持，发展商业养老保险不但可以丰富多层次养老保险体系，还可以促进一系列相关产业的发展，带动经济效益的提高，所以要加快推进养老保险税收优惠的相关政策，加大商业养老保险基金投资优惠的相关政策激励。

三、完善养老保险基金投资体制

养老保险基金征缴收入作为日后支付职工退休养老金的主要来源，由于收入与支出存在较长时间差，因此基金保值受通货膨胀水平、社会平均工资增长率影响较大。根据艾伦条件，只有资金投资效益与社会平均工资增长率和人口自然增长率之和持平，才能保证养老保险基金不缩水。受养老保险基金投资稳健性观念影响，养老保险基金目前主要通过银行存款、购买债券的形式实现保值增值，基金投资渠道狭窄、投资收益不高。拓宽养老保险基金投资渠道是养老保险基金保值增值，从而缓解养老保险基金支出压力的可选道路。

（一）积极参与全国社保基金会的权益类投资项目

各省（直辖市、自治区）应积极参与全国社保基金会的权益类投资项目，与全国社保基金理事会签订投资合同，委托全国社保基金理事会负责社保基金的投资运营，充分发挥其受托管理社保基金十几年实践形成的投资经验，减少投资风险的同时增加基金收益率。此外，可依据《国务院关于印发基本养老保险基金投资管理办法的通知》（国发〔2015〕48号）文件中提出的养老保险基金投资范围规定，在30%以下的社保基金限额之内，将基金投资于短期融资券、中期票据、资产支持证券、养老金产品、上市流通的证券投资基金、股票、股权、股指期货、国债期货等领域，加快实现养老保险基金入市。

（二）政府遴选设立社保基金投资管理公司

可借鉴澳大利亚社保基金投资运营的经验，由政府遴选设立社保基金投资管理公司，由基金投资管理公司提供多种风险收益不等的投资方案，允许参保人员根据自身的风险偏好程度自主选择投资方案，实现个人统筹账户和个人账户资金的保值增值。这一方案的选择应特别注意以下几点，一是财政部门应设立严格的基金投资管理公司社保基金市场准入机制，确保从事社保基金投资管理的资产管理公司拥有较高的资产管理能力，防止社保基金投资市场乱象和出现巨大的投资亏损。二是对投资管理公司提供的投资产品应进行严格限制，以保值为前提，以风险分散性投资为主，保证投资产品具有良好的规避风险能力。三是参保人自主选择投资方案意味着投资风险自己承担，政府应对私人决策进行有效引导，防止出现个人投资亏损，政府补贴兜底的现象。

（三）调整财政支出结构

养老保险收支缺口对财政补贴需求的增大，急需财政系统及时调整财政支出结构，以使在财政收入水平短期内增长趋势基本稳定的情况下，财政系统对养老保险基金补贴需求有较好的应对能力。

1. 提高养老保险支出占财政支出的比重

各省应打破长期以来社会保障和就业支出占财政总支出比重长期稳定在13%左右的比例的现状，将财政支出政策适度向养老保险倾斜，提高财政支出中的社保支出比重，尤其是养老保险支出比重，通过适当减缓近年来增长速度较快的公共安全支出、城乡社区事务支出、一般公共服务支出等的增速，为养老保险财政支出提供加速增长空间。

2. 压缩养老保险行政管理支出

通过提高行政效率、减少申报环节等方式压缩养老保险行政管理支出，提高财政资金支出效率，避免对财政补贴资金不必要的浪费，确保财政资金最大限度用于支付企业职工的养老保险费用。具体可通过建立养老保险财政支出绩效评价机制，由社保部门组织专人对用于养老保险的各项财政支出项目进行绩效评价，确保财政资金使用的透明，根据各项目绩效评价结果调整下年度财政养老保险基金支出结构，提升财政资金使用效率。

第三章　辽宁土地财政风险研究

第一节　土地财政存在的理论逻辑和现实基础

一、土地财政的概念、内涵和收入解构

（一）土地财政的概念

土地财政是以地方政府为主体，把土地所有权以及管理权相结合来进行财政收支活动而衍生的利益分配关系。土地财政是地方政府以营利为目的金融行为活动，被普遍看作除了地方政府经常性的财政收入之外，依托土地这种资源来开发的收益途径。将土地资源作为财产收入已经是地方政府普遍采取的行为方式。中国的土地财政是分税制改革以来，地方政府以土地有偿使用基本制度为基础，凭借着国有土地所有权和使用权，在城镇化的过程中通过土地出让与收购之间巨大的价格差来抢夺本辖区管理土地收益的权利。地方经济社会发展得到正常的运转依赖于这种土地收入所得。

（二）土地财政的内涵

1. 土地价格是地租资本化的价格

支付费用是土地有偿使用的基本前提。在市场经济体制中运用等价交换的原则，土地利用的前提是先要进行商品化，土地同一般普通商品一样具有两个属性，即使用价值和价值。土地的使用价值比较明显，表现为土地在其他商品生产中具有的特殊有用性，比如可以为房地产开发建设提供物质基础等。土地使用权的价值和价格如何确定是关键的问题所在。土地使用权的租赁价格是地租，土地本身就没有价值，不是商品，土地的价格

是地租资本化的价格表现。根据马克思对土地价格的定义，土地价格是地租的资本化，地租分为级差地租和绝对地租。如果看城市的级差地租，城市地段差异、产业差异等因素造成同样面积的土地也存在收益差异。在中国城市，土地市场是土地使用权市场，因而土地出让金收入是土地价格。

2. 土地财政是政府围绕土地进行的财政收支活动和利益分配关系

国家不可以没有政府，政府不可以没有财政收入。国家需要为本国居民实现维持正常的生活秩序，保护居民的财产，抵御外敌入侵等公共服务。中国共有五级政府，即中央、省（直辖市、自治区）、市、县、乡（镇），按照一级政府一级财政来规定，每级政府都有所属级别的政府财政。财政是以国家为主体的分配关系，为政府行使公共服务的职能筹集资金。居民以纳税人的身份缴纳税款并购买政府的公共服务，政府用纳税人上交的税款履行政府的职能、维护本国居民生产和生活的环境。土地出让收入越来越成为地方政府财力的重要来源，主要体现在：

（1）税、费、租是土地财政收入三种形式。具体来说，房产税是国家参与土地收益分配的一种形式，是经营者的政治权利，同时重点征收房地产税、耕地占用税和土地增值税。房屋管理费是指行政事业单位或者社会团体的公共服务支付的费用。比如新增建设用地有偿使用费、耕地开垦费等。租是政府通过出让土地形成的土地出让金或者年租金。

（2）从财政支出角度看，土地所有权与国家其他的国有资产相同。实践中，财政支出的运行情况为一般预算收入维持政府公共服务支出的基本需求，而土地出让收入的用途是投资基础设施建设和满足经济社会事业的发展需要。土地财政作为财政收入的一部分，收支差额结余是一种常态，而平衡和赤字的现象在局部偶尔发生。

（3）财政运行管理角度看，收支管理分为两条线管理。在一般预算管理中纳入税收和部分费用收入，将土地出让收入纳入政府资金预算管理。之所以部分地方政府将土地抵押贷款纳入支出管理，是由于土地抵押融资需要在未来的土地出让收益中偿还。

（4）政府可以将与土地有关的税收优惠用于推动产业的发展，将土地出让收入用于城市基础设施的建设，还可以通过土地权益质押的形式通过杠杆效益推动本地区 GDP。

（三）土地财政收入解构

土地财政主要由土地资产收益、土地类税收、行政事业性收费及其抵押贷款收入四部分组成。

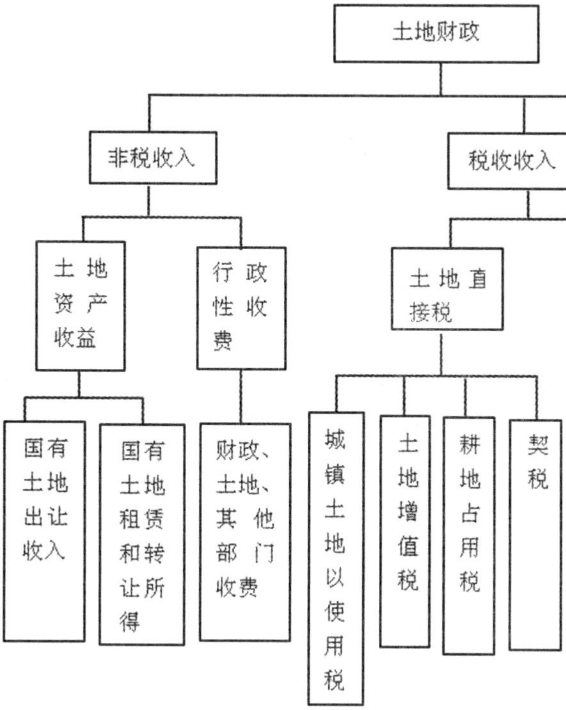

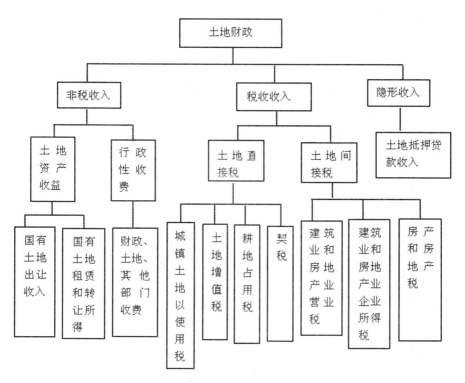

图 3.1 土地财政的构成

1. 小口径的“土地财政”

小口径的“土地财政”，主要是指土地资产收益及其相关的行政性收费收入，如图 3.1 所示的非税收入。从全国地方财政收入构成来看，它是地方政府财政预算外收入最主要的来源。土地资产收益主要包括国有土地使用权出让收入、国有土地使用权交易的租赁和转让所得，在现行预算管理体制内，它们均属预算外非税收入。另外，地方政府在获取土地出让收入的同时，还能取得相关的行政性收费，它主要包括三类：一是土地管理部门收取的费用，如耕地开垦费、管理费、业务费、登报费、房屋拆迁费、拆抵指标费、收回国有土地补偿费、新增建设用地有偿使用费等；二是财政部门的收费，如土地使用费、土地租金等；三是其他有关部门收取土地从征用到出让过程中的相关费用，涉及农业、房产、水利、交通、邮电、文物、人防、林业等行业部门。

2. 中口径的“土地财政”

中口径的“土地财政”，包含土地非税收入和土地税收收入。土地税收收入是指与土地相关的房地产业和建筑业税费收入。在中国现行的税制结构中，与土地最直接相关的税种有耕地占用税、城镇土地使用税和土地增值税、契税。还包括与土地间接相关的税种，主要有建筑业和房地产业营业税、建筑业和房地产业企业所得税、房产和房地产税。按照现行的分税制安排，除企业所得税和个人所得税由中央和地方分享外，其余税种收入和附加收费均归地方政府所有。本章对辽宁土地财政的研究主要是指中口径的“土地财政”。

3. 大口径的“土地财政”

大口径的“土地财政”，包含土地非税收入、土地税收收入和土地隐形收入。土地隐形收入的组成主体是地方政府土地的抵押贷款收入。地方政府通常以政府所属的土地储备中心、政府性公司和开发区为融资平台，以土地为抵押获得银行信贷支持，获取地方政府发展经济所需的资金支持，弥补地方自身财政资金的不足。土地财政的一个重要制度性创新是政府促成金融与土地相结合，金融赋予土地的流动性，实现了土地由资源向资本的转变。

二、土地财政存在的理论基础

（一）财政分权理论

最早对财政分权理论进行的相关研究是在20世纪50年代，其兴起以美国经济学家蒂伯特（Tiebout，1956）发表的《地方公共支出纯理论》一文为标志，可以说1994年分税制改革就是按照财政分权的基本原理来进行的。这次改革明确划分了中央政府与地方政府之间的事权范围，之后，依据事权与财权对等的原则，按照中央税与地方税划分了中央收入与地方收入的范围。财政分权理论经过长时间的发展及实践，形成了“用脚投票理论”、最优分权理论、政府最佳配置职能财政分权理论、财政分权定理等理论，这些都为本文的研究提供了理论基础。下面对这些理论进行具体的介绍和分析。

第一，蒂伯特（Tiebout）的“用脚投票理论”。蒂伯特指出人们会根据居住区域内公共物品的供给水平以及税收政策是否最优惠来选择自己将要生活、工作的区域。一般情况下，人们会根据公共物品和公共服务的提供方式或者数量的不同而选择不同的地区来生活。每个人经过各自的考量，最终选择他们认为的最优区域，流通也无法使他们的状况再得到改善这个时候就实现了帕累托效率均衡。蒂伯特认为，当每个人可以在地区间进行充分的流动时，人们可以根据自己的偏好进行选择，另外一个方面地方政府也可以根据人们的选择而得知其偏好。如果某一地方政府不能够为辖区内的居民提供更好的服务，那么居民将会撤离，搬到那些他们认为能够为他们提供更好的服务的地区，这就造成了地方政府之间的竞争，竞争使得资源能够有效配置，财政分权能够使得公共物品的提供更加有效率。

第二，施蒂格勒（George Stigler）提出的最优分权理论。施蒂格勒认为，在中央政府与地方政府之间进行分权是十分有必要的。因为相对于中央政府而言，地方政府在距离上更容易得到自己辖区内民众的亲近，在感情上确实更深，所以能够更加清楚自己民众需要什么样的公共服务。另外一个方面，居民具有投票选择权，他们可以通过投票来选择自己需要的公共物品和公共服务。施蒂格勒并不是否认中央政府的作用，他只是认为中央政府在资源的总体分配上能够实现有效配置，同时，在处理中央政府与地方政府的竞争问题以及地方政府之间竞争方面更有作为。

第三，马斯格雷夫（Musgrave）的分权思想。马斯格雷夫在发表的《财政理论与实践》一文中首次提出了财政分权理论的最佳配置职能。在这篇论文中，他把一级财政体制形象地比喻为一个财政社区，财政社区的最佳规模是建立一个有效的多级财政体制，即将财政体制进行分级，有中央财政、各级地市级财政等。他分析了在既定的服务水平下最佳规模社区的大小以及在既定规模社区下应当提供怎样的最佳服务。在此分析的基础之上，他提出了最佳服务水平与最佳规模社区两种因素相结合后的财政社区最佳结构模型。他提出，多级财政单位才能够实现财政体制的高效运转，这些多级财政单位在规模大小以及服务的范围上是不相同的。中央政府面向全国的民众提供其所需要的公共物品，满足其公共需求，需要在全国范围内进行资源的配置，而地方政府只需要服务好本级财政单位内的民众即可。

第四，奥次（Oates）的财政分权定理。奥次在《财政联邦主义》一书中提出了这样一个理论：当要提供某一项公共物品或者公共服务来满足某一地区民众的需求时，无论是中央政府还是地方政府，他们的提供成本都是一样的，但就提供的效率而言，地方政府是更加高效的。奥次认为，主要是因为地方政府需要考虑的对象只是自己辖区内的这一部分民众实现其帕累托最优，而中央政府不仅需要考虑这一部分民众，还需要从全国民众的角度出发来做出最优选择。

财政分权的核心是中央将财政的支出权力下放一部分到地方政府手中，财政分权的最终目的是提高地方政府提供公共物品的效率，满足民众生活的需求，为了实现该目的，中央政府给予地方政府一定自主权，包括税收征收的自主权和支出范围的自主权。中央政府将一些税种交给地方政府来进行征收，地方政府能够自由地选择其所需要的政策类型，这样能够提高其决策的参与性和积极性，以实现为辖区内的居民更好地提供公共服务的目的。地方政府为了满足辖区内居民的公共需要，需要进行必要的财政支出，然而，当财政收入远远低于其必要的财政支出时，地方政府就会“想方设法”来增加其收入，这就为“土地财政”的产生奠定了理论基础。

（二）委托—代理理论

委托—代理理论由美国的经济学家米恩斯跟伯利在19世纪30年代提出，它倡导的是在企业的所有者保留企业所有权的前提下，将企业的经营权让渡给专业的经理人，从而达到企业所有权与经营权的分析。因此，该理论的最终目的在于委托人与代理人在信息不对称的情况下，委托人为了使自身利益不受到损害，通过设立某种奖励机制使得代理人做出符合委托人利益的行为。委托—代理理论强调的是在信息对称的情况下，代理人的行为动机是能够被察觉到的，代理人在通常情况下会按照委托人的委托诚实地完成任务，相应的委托人会根据代理人完成的情况以及对代理人的观察进行奖励或者惩罚。但是，在信息不对称的情况下，就会产生完全不同的影响，委托人并不能够采用强制的手段来促使代理人完成任务，在这种情况下委托人就需要承担相应的委托成本。代理人作为独立的经济人，会根据自身利益的情况从而做出伤害委托人利益的决定。

委托—代理理论不仅适用于经济领域，同样也适用于政治领域。布坎南做出了假设，他假设政府并不是普度众生的救世主，作为政府的组成部分的公务员也追求自身的经济利益，在其新创立的公共选择领域中，同样运用了经济学领域里面的经济人假设。经济人的特点有两个，一方面，他们是自私自利的。具体解释为这类人的行为动机是趋利避害，做任何事情的首要目的是一定要对自己有利。另一方面，他们是完全理性的。具体来说，决策者无论面临什么样的情况都能够理性地计算出成本及预期收益，从而决定是否要进行此类行为。虽然政府的公务人员并不是完全的经济人，并不完全符合经济人的假定，但是，经济人的假定同样适用于政府的工作人员，作为政府的工作人员，他们追求自身的经济利益最大化。

基于以上对委托代理理论的阐述，以及对地方政府官员经济人的假设，从而分析地方政府与中央政府之间的委托代理关系。我国政府目前存在着四种委托代理关系，中央政府与地方政府之间存在委托代理关系。1994 年分税制改革之后，中央政府将出让土地的权利划拨给了地方政府，地方政府可以根据需要出让土地获得收入，可以根据需要随意进行收入的支配。中央政府与地方政府之间存在着信息不对称的问题，且双方的责任与支出目标并不一致，中央政府从全国人民的需求出发而进行必要的财政支出，提供相应的公共物品来满足公共需求，而地方政府需要考虑的则是辖区内居民的公共需求，满足他们对公共物品的需要即可。中央政府将属于国家的土地分配给地方政府，让其拥有辖区内土地的支配权，地方政府出让土地的所有收益收归地方政府。地方政府有可能利用中央授予的权利——土地出让权从事与中央的利益不一致的活动，最终导致全社会的福利受到损失。

三、土地财政的核心影响因素

（一）分税制改革

1. 地方政府在现行税收制度下的用土地提升财力的行为

1994 年，分税制改革把所有消费税和 75%增值税列为中央财政收入，地方收入只有部分营业税和其他零星小额税种。2002 年后调整为中央和地方共享所得税收入。一般来说，税源稳定、征收集中的税种列为中央独享税或央地共享税，而其他税源不稳定、难以征收的税收则列为地方独享税，这样更增加地方财力提升的难度。中央与地方财政收入初次分配比例的急剧变化是分税制改革的结果。地方财政收入占全国总收入的比重在1993年到1994年间由78%下降到44.3%，2016年实现恢复性增长至54.6%。地方财政支出比重保持在70%左右，2016年达到85%。分税制改革后，地方财政收入出现30%左右的资金缺口。可以看出，地方政府如果对本地区的居民提供充足的公共服务，财政缺口之大不是自有预算内财力和上级政府的转移支付能够承受的。

2. 财政转移支付的分税制形成的体制

由财政转移支付的分税制形成的体制，因其普遍性转移支付的规模较小，与地方政府的财政收支相差甚远，并且很难弥补，各地方政府所面临的财政负担也无法获得有效的缓解。由于分税制改革在前，土地财政在后，其目的是扭转中央财政的不利局面，增加国家财政收入占国内生产总值的比重和中央财政收入占国家财政收入的比重。这两个比例分别从1993的12%和22%提高到2002年的21%和54%，可是分税制只调整中央和地方之间的财力分配并没有明确支出责任。具体说，地方政府不但要对本辖区进行基础设施建设，还要提供各种公共物品等。因此，财权上移、事权下移，地方政府的财政压力越来越大。

3. 分税制改革过于注重财政收入

在财政支出中，中央政府与地方政府的责任划分并没有得到完全合理有效的规划，这也是地方政府财政收支差距加大和财权与地方政府财权错位的重要原因。国家对城市建设用地征管体制进行了市场化改革，地方政府发现了缓解自身建设资金甚至是财政资金不足的绝佳渠道，凭借宪法赋予政府（包括地方政府）的土地征用者身份，地方政府成立了城市土地储备中心来应对财权与财权的偏离，通过降低征用费用，征集、使用并储存乡村集体土地，把这些土地资源用来搞建设，因而夺取很多“剪刀差”收入。以此为基础，责任与财权的偏差度加剧，从而进一步增加地方政府财政支出的压力，使其对土地财政的依赖性越大。与此同时，城镇化发展中地方政府支出项目，如社会保障的规模和比例也在增加。同时，国有企业福利制度的改革也给财政带来了巨大的压力，更给地方土地财政的兴起或繁荣提供了更充分的理由。

（二）工业化发展

分税制改革的财政压力促使地方政府依靠土地财政发展，提高财政能力，但是并不能全面反映地方土地财政日渐繁荣的原因，国家工业化的快速发展也是土地财政兴旺的必要性原因之一。改革开放40多年，中国的工业化过程中，将农业用地转为非农用地，从而增加了大量的土地收入。在这方面，工业化的必然结果是土地出让收入的快速增长，是伴随着工业化和城镇化的发展所产生的，对农地转型提出了强烈的土地引致需求。

地方财政缺口压力迫使地方政府不得不想尽办法提高土地出让收入，做大做强土地财政的必要性显而易见；但繁荣甚至高涨的房地产市场，又能轻松地将地方政府的卖地努力变为现实，土地财政的兴旺基本上是全国各地的共同现象。但在现实中，土地出让收入受区域工业化水平的制约和影响。区域之间的市场化程度不同，发展结果也大相径庭。在这一过程中，工业用地（低价或零地价）往往被政府视为招商引资的重要方式，工业用地的低成本刺激了资本收入的积极性，大量的工业项目“落地”，导致了就业、资本报酬和劳动报酬的快速增长，工业化水平和生活用地不断提高，土地需求和土地转让收入快速增长。

与此同时，由于对耕地的严格保护措施，政府对于新增建设用地进行总量控制。从土地资源稀缺的角度，中国通过各级政府控制农业用地转为非农用地的行政审批，我国目前土地的59%为农用地。由于耕地保护以及土地城乡二元结构，工业用地的供应挤占商业用地的供应，造成建设用地的稀缺性，价格必然大幅推高。城市的土地资源对地方政府推动城镇化进程作用明显。大规模城市基建，正是政府地区间竞争的表现形式，其结果是地区的城市风貌和基础设施建设的环境得到了大幅改善，公共服务配套基础设施吸引更多外来资本投资，提升地区GDP，因而城市用地的价格会得到显著提升。

土地财政由于让渡城市土地使用权和融资基础设施，开辟了一条以土地为信用基础和城市原始资本积累的独特道路。土地财政的本质是融资而不是收入。中国之所以走这条路，是因为城市土地国有化和农村土地集体化在计划经济时代被建立，这为建立政府垄断土地一级市场创造了条件。土地财政的作用是将潜在的财富变成了巨大的资本，开始在中国城镇化通过拍卖土地市场机制。同时，土地财政对工业用地的补贴，使得中国的工业制造产品的竞争力得到显著增强，成为全球制造业的核心。

（三）地方政府竞争

我国地方政府在地区经济增长中扮演了很重要的角色，在区域经济发展过程中，寻求资源开发利用，使地方经济得到快速地提升。有些学者认为，在中国特色理论的条件下，在发展联邦主义理论的道路上，权力与财权分离有利于激励地方政府推动地方经济的发展。另一些学者认为，中国经济竞争力的提高和飞速发展与中国特色的政府官员锦标赛模式密不可分。专家们所持观点虽然不同，地方政府之间的经济竞争和发展也很大程度得益于中国财政分权体制和官员晋升机制。地方政府迫于校绩考核和规模竞争的压力，不得不使财政收入增加，财政支出能力增强，同时追求土地财政收入的增加。

地方政府竞争越激烈，对土地财政的依赖程度越高，财政分权程度越高，地方政府通过竞争吸引外部流动性资源的动力也越强。在中国，地方政府的招商引资的主要表现是地方政府对流动性税基的争夺。不同地区、不同城市间的资本接近充分自由流动，地方政府需要在地区间资本竞争中赢得引资并创造 GDP。地方政府竞争就是通过各种合法的方式资源流入本地，地方政府要在全社会资源有限的前提条件下，制定合理制度和公共政策吸引资源到本地。地方政府以招、拍、挂方式将一部分土地使用权高价出售于商业用地的同时，再以协议出让方式将另一部分土地使用权低价让渡于工业用地，这两种方式是地方政府为实现经济发展和财政收入双重目标而做出的理性选择。

地区的企业经济发展状况决定地区 GDP 增长。GDP 考核压力和资本竞争压力驱使地方政府努力追求能够拉动地方经济迅速发展和地方财政收入快速增长的土地财政行为，并最终形成了对土地财政的依赖。随着市场化的发展，民营企业成为市场经济的重要企业形式，地方政府有经济动力吸引外地区的资本发展本地区经济水平。因此招商引资成为每个地方政府最先实施的竞争方式，“外地区资本”就相当于蒂伯特模型中的“用脚投票”的具有选票的角色。地方政府为了赢得外来投资者的青睐，尽可能提供本地区更好的公共服务，还有将重要的土地资源作为招商引资的政策工具，形成“标尺竞争”，政府间总会以比相邻政府更优惠的价格提供土地资源来取得竞争的优势。商业用地可以将丰厚的土地出让金作为政府财政的重要补充，工业用地在短期内无法带来大量的土地出让金，但是长期来看能为本地区获得更多的税收收入，甚至可能形成下一发展周期中重要的发展环境。

（四）新型城镇化发展

在“土地红利”这种土地财政模式的发展中，土地是中国过去四十多年城镇化快速发展的核心支撑要素之一。改革开放到九十年代初，土地作为低成本、大规模的建设用地的基础，为城市和乡镇工业经济的扩张提供了基础，支撑了这一阶段的城镇化；九十年代后其资本功能逐渐凸显，土地资本化为此时粗放城镇化迈向资本型城镇化提供了资本基础。不难看出，土地的大规模供应是中国城市经济增长奇迹的不可或缺的解释因子，此时将城市发展中来自土地的贡献称作“土地红利”。土地资本化撬动了中国城市物质资本的积累及工业经济的迅猛发展。

“人口—城镇化—土地”三者的互动关系是新型城镇化本质，土地的扩张由人的需求所引致，人口向城镇的集中过程，从而推动城镇空间的发展。事实上，九十年代以来，城镇化的发展主要体现为土地的扩张，这并不是由人的需求所推动，而是为了扩大地方税源和获取城镇化启动资金，由产业提升、财政支持和基础设施提高引起人口的集聚，因此城镇化进程中的土地扩张与人的需求越来越脱钩，土地的滚动开发才是城市增长的重要引擎。

当前城市户籍挂钩公共服务，所以新增城镇人口的城镇化并不包含在公共服务范围内，出现“半城镇化”的问题，城市在公共服务投入上仍存在较大的缺口。2016年全国常住人口城镇化水平约为57.35％，但户籍人口城镇化水平仅为41.2％，户籍人口城镇化率提升缓慢。此外，2014年新华社授权发布了《国家型城镇化规划（2014—2020年）》，首次提出同步提升常住人口城镇化率与户籍人口城镇化率，且要求两项指标在2020年分别达到60％和45％的水平。此目标的提出意味着城镇常住人口在新增1.4亿的同时，处于半城镇化状态的人口的比重还需大幅下降，城镇化质量需要获得显著提升。

中国未来为了实现上述目标，城镇化发展不仅需更多的土地资源用于建设基础设施、住房需求和提升环境绿地等，还需更多的公共资金应对城镇化质量提升所需的投入，如新建与升级公共服务水平、建设保障性住房等。不难发现，新型城镇化目标的实现仍离不开土地财政的支持，“土地红利”模式的土地财政只能“增”而不能“减”，尤其是要开拓新型的集中化土地财政。

第二节　地方政府土地财政风险分析

一、土地财政风险的概念与内涵

（一）土地财政风险概念

土地财政模式本身具有较多的不确定性风险，会危害财政系统的正常运行，同时又可引发其他形式的风险，损害地方经济发展和社会的稳定，如财政、金融、社会、政治风险等。《2007 年中国社会形势分析与预测》指出，“土地财政存在着以下五个显著风险：财政风险，金融风险，投资过热风险，社会风险，行政腐败风险。”从数据的可获取性以及量化指标的需求方面考虑，重点关注土地财政模式的财政风险。

（二）土地财政风险的内涵

风险来源于对未来的不确定性。确定是相对的，不确定是绝对的。地方财政的风险指由于各种不确定因素导致地方财政运行系统受损的可能性。具体来说，这种财政不确定性主要源自公共资源的不确定，即由土地资源的有限性，进而导致地方政府财政收入的不确定性、财政支出能力和压力的不确定性以及债务压力的不确定性。对于地方政府财政收入的不确定性，通过土地出让金收入占地方财政收入比重、房地产“五税”收入占地方财政税收收入比重、建筑业和房地产业营业税和企业所得税对地方税收的贡献和土地融资收入占地方财政收入的比重这 4 个指标来衡量。地方财政支出压力和能力的不确定性程度，可通过基础设施投资占比、土地财政依存度和土地财政偿还率3个指标来反映。地方政府债务压力程度，可通过负债率、债务率、偿债率、或有负债占比以及债务依存度5个指标来测量。最后通过风险管理理论中的风险预警模型，对各指标体系进行综合考量，界定地方土地财政风险程度。

二、地方政府土地财政风险分析

当前土地财政风险呈现出发散且不断扩大的趋势，根源在于制度缺陷致使风险聚集，收益与风险对称的基本规则被破坏，形成了一种风险累积和集中的机制。具体说来，地方政府当前土地财政的收支结构存在诸多问题和风险。

（一）土地出让金收入不稳定且不可持续

2005—2017年度的土地出让金收入总体处于上升态势，总量翻了三番，超过了地方财政收入的总量增长速度，土地出让收入占地方财政收入的比重平均水平为48.84%，2010年甚至高达67.62%，在此之后，这一比值波动较大，2017年这一比重骤增至57.25%，由此可见土地出让收入对于地方财政的重要性。地方政府依靠土地来获得收入的态度积极，土地出让金收入的总量基本保持增长的势头，但各年的波动明显，这使得地方政府土地财政收入增长的稳定性不足，这与土地财政的产生机制密切相关，土地财政收入容易受到房地产市场波动及经济大环境变化的影响。

表3.1　　2005—2017年土地出让金收入及其占比

年份	土地出让金（亿元）	地方政府财政收入（亿元）	土地出让金占比（%）
2005	5883.82	15100.76	38.96
2006	8077.64	18303.58	44.13
2007	12216.72	23572.62	51.83
2008	10259.80	28649.79	35.81
2009	17179.53	32602.59	52.69
2010	27464.48	40613.04	67.62

续表

年份	土地出让金（亿元）	地方政府财政收入（亿元）	土地出让金占比（%）
2011	32126.08	52547.11	61.14
2012	28042.28	61078.3	45.91
2013	43745.30	69011.16	63.39
2014	34377.37	75876.58	45.31
2015	31220.65	83002.04	37.61
2016	36984.35	87249.35	42.39
2017	52367.54	91469.41	57.25

资料来源：《2006—2018年中国统计年鉴》

另一方面，依靠增加土地供应以增加地方财政收入的模式是不可持续的。土地资源是有限的，地价也不能无限上涨，进而土地财政的收益也就无法保持持续增长。当前大部分地区发展土地财政的土地来源是农转非的新增建设用地，即低价征收农民土地并以国有土地形式高价出让以获取土地财政收入，然而过度征收农村土地加剧了耕地的流失，不利于国家粮食安全。

（二）重流转税，轻保有税

保有环节的房产税和城镇土地使用税收入所占比重较小，并且处于下降态势，流转环节的契税、土地增值税及耕地占用税收入所占比重处于上升态势，这种情况下不但无法实现土地税收的调节功能，而且造成土地收益大量流失，也容易受到国家政策和宏观经济形势的影响。“五税”的具体情况如下表3.2所示，房产税总量虽然有所上升，但房产税收入占比却在下降，这说明作为财产税的房产税没有充分发挥出扩充地方财源的基础性作用。存量环节的房产税和城镇土地使用税在“五税”中所占的比重由2005年的36.04%下降到2016年的29.81%，流量环节的契税、土地增值税和耕地占用税在“五税”中所占比重则由2005年的63.96%上升到2016年的70.19%，直接原因就在于房产税在“五税”以及地方税收收入中占比均呈现下降趋势，根本原因在于现行的税制设计不够合理，税收收入容易受到房价变化以及房地产市场预期变化的影响。事实上，各级地方政府过分重视土地的开发与流转，依赖流量环节的土地收益，而忽视了存量环节中长期稳定收入流的重要性。

表 3.2　　2005—2016 年土地相关直接税税收情况

年度	土地增值税	城镇土地使用税	耕地占用税	契税	房产税	合计
2005	140.31	137.34	141.85	735.14	435.96	1590.6
2006	231.47	176.81	171.12	868.67	514.85	1962.92
2007	403.10	385.49	185.04	1206.25	575.46	2755.34
2008	537.43	816.90	314.41	1307.54	680.34	3656.62
2009	719.56	920.98	633.07	1735.05	803.66	4812.32
2010	1278.29	1004.01	888.64	2464.85	894.07	6529.86
2011	2062.61	1222.26	1075.46	2765.73	1102.39	8228.45
2012	2719.06	1541.71	1620.71	2874.01	1372.49	10127.98
2013	3293.91	1718.77	1808.23	3844.02	1581.50	12246.43
2014	3914.68	1992.62	2059.03	4000.70	1851.64	13818.67
2015	3832.18	2142.04	2097.21	3898.55	2050.90	14020.88
2016	4212.19	2255.74	2028.89	4300.00	2220.91	15017.73

资料来源：《2006—2017 年中国统计年鉴》

表 3.3　　2005—2016 年土地保有环节与流转环节税收收入占比情况

单位：%

年度	保有环节	流转环节
2005	36.04%	63.96%
2006	35.24%	64.76%
2007	34.88%	65.12%
2008	40.95%	59.05%
2009	35.84%	64.16%
2010	29.07%	70.93%
2011	28.25%	71.75%
2012	28.77%	71.23%

续表

年度	保有环节	流转环节
2013	26.95%	73.05%
2014	27.82%	72.18%
2015	29.90%	70.10%
2016	29.81%	70.19%

资料来源：由表3.2数据计算而得。

（三）土地融资现象严重，隐藏较大的地方财政风险

一方面，地方政府依靠地方融资平台，以土地为担保发行城投债以解决地方财政资金不足的问题。城投债的资金多投向地方基础设施建设领域或公益性项目，收益低且投资回收期长，债务以土地不断增值为基础，一旦土地价格大幅回落，地方政府偿债、融资能力下降，很可能造成地方政府在重大投资项目上资金周转困难。按照国家审计署2014年的统计，中国地方政府融资平台已经超过7000多家，融资平台公司成为地方政府性债务最主要的举债主体。万得数据统计显示，2015年和2016年这两年间，地方融资平台单单通过债券市场进行融资的债务就达到4.21万亿元。多数被列为公司债务的平台负债都与地方政府存在一定相关关系，在地方政府债务置换的背景下，未来平台债务变身地方政府债务有较强的预期。另一方面，地方政府利用土地进行抵押并从银行获取巨额贷款，形成了与土地高度联系的资金链。土地抵押贷款的形式多种多样，既有储备土地的抵押贷款，也有利用开发土地得到指标的抵押贷款，而银行发放贷款，源于对地方政府拥有的土地资源价值增值的预期，一旦土地收益不能维持债务体系正常运转，不仅政府信用受损，大量的银行不良贷款将会引发系统性金融风险。由表3.4可以看出，2008—2015年全国84个重点城市的土地抵押面积呈绝对上升的趋势，2008年土地抵押面积为16.6万公顷，到2015年达到49.08万公顷，增长了196%。抵押贷款总额也处于快速增长的态势，2008年抵押贷款额18235亿元，2015年增长至113300亿元，增长了521%，增长速度非常快。

表 3.4 2008—2015 年全国 84 个重点城市土地抵押情况

年份	土地抵押面积（万公顷）	抵押贷款（亿元）	抵押土地净面积（万公顷）	抵押贷款净增（亿元）
2008	16.60	18235	3.85	5546
2009	21.70	25856	5.10	7749
2010	25.82	35300	3.74	9206
2011	30.80	48000	4.19	12700
2012	34.87	59500	4.72	11200
2013	40.39	77600	5.33	17700
2014	45.10	95100	4.56	17300
2015	49.08	113300	3.87	17800

资料来源：《2008—2015 年国土资源公报》

从土地财政支出角度看，当前土地财政模式的风险主要体现在以下几个方面：

(1) 现行土地出让收支模式透支了未来的土地收益，不利于地方政府代际间的收支平衡和经济建设。土地经过各种方式的出让后，将几十年的出让价款一次性收取，而这些收益又快速被支出。当年的土地出让收入几乎全部在当年花光，这种“即收即支”的方式，不仅透支了未来的土地收益而且透支了下届政府的土地收益来源，有时甚至遗留下待偿还的债务。这不仅有悖于可持续发展，且违背政府间的代际公平。

(2) 土地出让收入绝对数额持续增加，但是地方可支配收入有限。2005 年，地方政府国有土地使用权出让金收入为 5883.82 亿元，2017 年这一数额增值到 52367.54 亿元，土地出让收入在地方财政收入中所占比重较高，这期间半数以上的年份中该比重都超过 50%。土地出让收入巨大，但多年以来土地收储成本持续走高。

(3) 公共基础设施建设需求大，地方财政压力增加。当前中国经济下行压力仍然较大，民营投资需求下滑较为严重，稳增长的目标在很大程度上仍然依靠地方进行基建投资。从 2006 年至 2017 年，基础设施投资总额大幅增长，且历年基础设施投资占全社会固定资产投资的比例均在 15%以上。特别是自 2015 年以来我国经济发展进入新常态，地方基础设施投资建设增速突然加大，2017 年的基建投资占比达到峰值。在地方政府财力不足，PPP 建设模式短期内难以承担大量基础设施等领域投资的情况下，地方财政压力越来越大，暗藏财政风险。

从地方政府债务方面来说，需要注意以下几方面的问题：

（1）地方债务风险总体可控，但部分地区和城市债务负担严重。审计署全国政府性债务审计结果表明，2015 年末政府债务的负债率为 38.9%，2016 年末为 36.7%，低于国际公认的政府债务负担率 60%的警戒线，整体比较平稳。但部分地区和行业债务负担较重，债务规模增长较快，一些省会城市本级债务率和偿债率指标偏高，债务风险较高。2016 年 11 月，国务院办公厅印发的《地方政府性债务风险应急处置预案》规定地方政府负有偿还其举借的债务，中央不再进行救助，地方政府债务压力可见一斑。

（2）地方政府的债务偿还高度依赖土地出让所得。土地出让所得是地方政府财政收入的重要来源，也是满足地方财政支出需求的重要渠道，在地方债务规模迅速扩大的过程中，土地出让金收入既是地方政府举借债务的重要依托，也是地方政府用以偿还债务的重要保障。随着近年来房地产市场过热现象愈来愈受到关注，国家层面上调控政策频现，房地产市场拐点即将到来。一旦人们对房地产市场的预期转向，土地出让收益骤降，地方政府的债务体系将无法正常维持，进而引发地方财政风险和政府信用风险。

三、土地财政风险产生的原因

（一）地方政府间的竞争

党的十一届三中全会以来，党和国家提出要把党和国家的工作重心转移到经济建设上来，党的十七大又提出要促进经济又好又快发展。只有实现经济的又好又快发展才能够为人民群众提供更加美好的生活，才能够让人民群众感到幸福。地方政府官员考核机制是以 GDP 以及财政收支情况为核心，地方政府官员为了获得晋升的机会，必须提高本地区的 GDP，完成财政收支目标来彰显其政绩。在这里所说的地方政府竞争是指横向地方政府官员之间的竞争，倘若本地区经济发展指标、财政完成指标等落后于其他地区，官员就有可能会失去晋升的机会。因此，地方政府官员们会更多地关注那些能够在短期内获得经济效益的项目投入，而不重视具有长期经济效应的公共服务或公共设施的投入，例如，医疗、卫生、环境保护和教育等方面的投入。

在以经济增长为核心的政绩考核制度背景下，地方政府官员拥有着政治人与经济人的双重身份。无论中央政府还是地方政府，每年甚至每个季度都有要完成的经济目标任务，中央政府将具有弹性的经济增长目标下达给地方政府，但是，地方政府为了不“落后”往往将其视为刚性增长目标，“誓死”完成经济目标。在实现既定经济目标的过程中，地方政府会竭尽全力利用各种可利用的资源与可利用的手段。但是，地方政府手中的资源有限，因此，他们便想到充分利用掌握在自己手中的资源——土地。第一，通过降低土地价格吸引外资投资，增加税收收入，同时，外资投资的增加能够增加当地的就业机会从而拉动经济。第二，通过出让土地的方式获得土地出让金收入。地方政府拥有辖区内土地的所有权，他们可以人为地控制土地的出售价格，土地出让收入全部归地方政府所有。第三，城区的土地毕竟有限，为了能够出卖更多的土地，地方政府“转换思路”，打着城市化的大旗，将城市周边的农业用地纳入商业用地的范围进行售卖，通常情况下地方政府征收农民的土地只需要付出较少的费用，但是却以高额的价格进行出售，获得巨额的“剪刀差”收入。

（二）财政缺口

1994 年我国进行了分税制改革，这次改革将税收划分为中央税、地方税、中央与地方共享税。中央政府将税基广、税源稳定、易于征收的税种划分给了中央，将税基较小、税源不稳定、征收困难的税种划分给了地方政府，对于共享税，中央分成的比例较大。同时，主体税收的缺失使得地方政府想要依靠税收增加财政收入的难度加大，此次改革对中央和地方的财力分配、事权分配进行了重新划分，中央政府将财权收回，将事权下方给地方政府，地方政府在财权有限的情况下，不断扩大事权。

表 3.5　　2005—2017 年我国地方政府财政收支情况

年份	财政收入（亿元）	财政支出（亿元）	财政收支缺口
2005	15100.76	25154.31	—10053.55
2006	18303.58	30431.33	—12127.75
2007	23572.62	38339.29	—14766.67
2008	28649.79	49248.49	—20598.7
2009	32602.59	61044.14	—28441.55
2010	40613.04	73884.43	—33271.39
2011	52547.11	92733.68	—40186.57
2012	61078.3	107188.34	—46110.04
2013	69011.16	119740.34	—50729.18
2014	75876.58	129215.49	—53338.91
2015	83002.04	150335.62	—67333.58
2016	87249.35	160351.36	—73102.01
2017	91469.41	173228.34	—81758.93

资料来源：《2006—2018 年中国统计年鉴》

如表 3.5 所示，2005—2017 年我国地方政府财政收入、财政支出、财政收支差额情况，2005 年地方财政收入 15100.76 亿元，财政支出 25154.31 亿元，财政收支差额 10053.55 亿元。从 2005 年到 2017 年我国地方政府财政收入不断上涨，地方政府财政支出也在不断上涨，且上涨的幅度要高于财政收入的上涨幅度。2017 年地方政府财政收入 91469.41 亿元，地方政府财政支出 173228.34 亿元，财政收支差额 81758.93 亿元，地方政府财政缺口不断扩大，增长了近 18 倍。

1994 年分税制改革只是笼统地对中央政府与地方政府之间的财权与事权进行了划分，可是对于地市一级的政府财权与事权的划分并不十分明晰。虽然没有对市级及以下政府进行明确划分，但是还必须要承担辖区内公共物品及公共服务的提供。分税制改革之前，地方政府财政收入与支出的差值一直是正数，分税制改革之后地方政府财政收入与支出的差值变成了负数，地方政府出现巨大的财政缺口。地方政府在财政支出压力不断扩大的情况下，又无其他的收入，只能想到依靠土地来增加财政收入。土地作为掌握在地方政府手中的禀赋资源，能够为地方政府带来收入，缓解其日益增加的支出负担，“土地财政”自此产生。“土地财政”不仅为地方政府带来了土地出让金收入，还带动了辖区内的房地产、建筑业的发展，吸引外资投资，这些都进一步增加了地方政府的税收收入，进一步加强了地方政府对土地的依赖。

（三）土地出让制度

土地出让方式的改革是我国土地出让制度改革的核心，1949 年新中国成立初期，我国私有土地大范围存在，土地的买卖行为盛行，政府对私人交易土地征收相应的税收。1956 年底，我国完成了社会主义改造，回收全部土地，同时，以支付利息的方式将城市工商业者手中的土地收归国有，至此，全国范围内大部分土地收归国有。1957 年前后，地租、地价逐渐从限制转为取消，标志着土地出卖市场在我国的消失。1982 年国家宪法明确规定，土地不是商品，绝对不允许买卖。任何企业、单位及个人不得以任何形式买卖、非法侵占、出租或者其他形式转让土地。1987 年，深圳为了促进工业发展，模仿香港首次进行土地的售卖行为，这是我国“土地财政”的开端。1990 年，在国务院颁布的《中华人民共和国城镇国有土地使用权出让转让暂行条例》中，详细地规定了城镇土地转让、出让行为的实施，自此单一的十地划拨方式被打破。

2002 年，国土资源部颁布了《招标、拍卖、挂牌出让国有土地使用权的规定》该文件明确规定，自 2002 年 7 月 1 日起，国有经营性用地必须通过招、拍、挂的土地出让方式进行土地出让。招、拍、挂土地出让方式正式登上了历史的舞台，土地出让方式取得了历史性的进步，土地出让日益市场化。招、拍、挂土地出让方式标志着我国土地出让走向了市场化进程，其核心是价比三家，价高者得，土地最终以市场上买方所出的最高价进行出售。2004 年，国土资源部颁布了《关于继续开展经营性土地使用权招标拍卖挂牌出让情况执法检查工作的通知》，明确规定自 2004 年 8 月 31 日开始，所有经营性用地的出让必须通过竞价的方式。此次改革被称为“8. 31 大限”，我国土地的出让方式进一步得到了完善，土地出让方式的市场化进程进一步加速。根据价值规律，当需求大于供给的时候，商品的价格就会上升，所以，当土地需求大于其供给时，其价格上升到远高于其价值的水平。土地资源作为城市的一种不可再生资源，受到当地政府的青睐，土地对他们而言是一笔巨大的财富，土地出让收入收归入地方政府手中，他们对土地出让金的使用拥有完全的自主权，当地政府热衷于土地的开发与利用，地方政府对土地的依赖程度提高。

（四）产业结构演变

改革开放之后，我国经济发展水平不断提高，发展速度不断攀升。第一产业发展速度逐步放缓，第二、三产业发展不断加速，第二、三产业的飞速发展为我国经济的发展做出了重大的贡献。我国大多数城市都处于经济转型的关键时期，第二、三产业的飞速发展引致了对土地的需求急剧增加，直接导致对土地的需求大于供给，根据价值规律可知，其结果是土地价格迅速上升，直接增加了地方政府的土地出让收入，导致了房地产价格的上涨，增加了对房地产投资的增加，最终增加了对土地的需求，这样就形成了一个循环。

同时，第二、三产业的飞速发展直接增加了地方政府的税收收入。以房地产行业为例，房地产业的蓬勃发展直接增加了房产税、土地增值税等税收收入，其最终结果是增加了地方政府的财政收入。第二、三产业的发展需要地方政府来提供完善的基础设施，为了满足这一部分的公共需要，地方政府只有自己手中拥有足够的财力，才有能力去满足辖区内居民的需求。土地出让收入可以为地方政府提供这部分收入，让地方政府有足够的财力提供医疗、卫生、文化、科学、教育等公共物品。所以说，产业结构的演变使得地方政府更“关注”土地。

四、化解地方政府土地财政风险的政策建议

（一）增强土地资源管理，提高土地资源利用效率

进一步完善土地资产管理，抑制土地财政对经济发展的不良影响，实现土地财模式的合理转型，以保障中国经济的可持续发展。优化土地资源的管理，首先，应当搞清楚地方政府与土地财政之间的关系；其次，通过对房价的调控，促进房地产行业健康稳定发展，避免只涨不跌或者大起大落的不合理现象；再者，加快完善土地征收管理制度，建立城乡统一的土

地供应市场，健全土地有偿使用制度；此外，还应明租、正税、少费，力促地方政府从“卖地财政”转型向“管地财政”，以此减轻土地资源给地方财政带来的不确定性风险.

（二）优化地方政府的财政收支结构，加强财政收支管理

财政既是政府履行职能的物质基础亦是具体手段，继续深化完善中国财政制度，合理优化地方政府的财政收支结构是减轻地方财政风险的重要方法。

财政收入体系中最为重要的就属税收制度。长远来看，必须建立现代税收制度，才可有效防范地方财政风险，实现地方经济的稳定增长和长远发展。应加快推进税收立法，实施依法治税，培育稳定的地方主体税种，尽力增加地方组织收入的积极性和自主性。参考其他实施房地产物业税的国家或地区的管理经验，并结合中国当前正在进行的房地产物业税模拟测试的“空转”运行情况，物业税能够成为地方财政的主体税种。保有环节对住宅收取物业税，有利于实现地方政府财政收入的稳定增长。同时，进一步将税收收入在中央与地方之间进行合理分配。中央政府应将受收入周期波动较大、税基流动性较大、具有再分配作用等特点的税种规划进去或适当提高其分享的比例，而其他不对宏观经济产生重大影响，但具有明显受益性和区域性特点的税种，应被划为地方税或提高其分享的比例。

地方各级政府不仅需要在大方向上对财政支出进行合理分配，而且要对地方财政支出的范围进行明确界定。随着经济的进一步发展，地方政府需要提高财政支出总量在 GDP 中所占的比重。在扩大用于经济建设方面的财政支出的同时，还要根据地方的发展情况，不断调整财政支出的重点以符合市场经济确立的公共财政内容，洞悉民众需求，持续满足公众对政府服务不断提高的预期。地方政府财政资金的最重要目的应是保证政府公共支出的需求，尽量压缩减少对某些经营性事业单位的拨款，同时降低在行政管理等方面的支出以减轻财政压力，进而降低对土地财政收入的依赖，降低地方财政风险。

（三）加强地方债务管理，逐渐摆脱对土地财政的依赖

1. 建立地方财政债务管理制度

从土地财政总的效应看来，土地财政既对地方财政有所贡献，同时又隐藏着财政债务风险。由于之前中央禁止地方政府举债，在财政收支不平衡的压力下，地方政府通过成立各类融资平台公司，以政府信誉通过土地抵押或担保的方式变相进行融资，偿还债务则依旧依靠土地出让收益及财政兜底。然而，不稳定的土地出让收益加剧了还款的难度，加之制度约束、管理的长期缺乏，实质上加大了中国的地方政府债务风险。由此需要加快建立完善的地方政府性债务管理制度，进一步降低地方政府的财政和债务风险。此外，还可通过债务风险预警管理的方式全方位清查地方政府债务情况，科学地分析债务类型并设定债务偿还机制。

2. 完善地方政府发行债券规定

城市的发展需要大量资金支持，而目前中国部分地方政府财力有限，难免需要采用举债的办法以进行各项建设。尤其是在可预见的将来，各地方的基础设施建设将会只增不减，势必加大财政负担，致使地方政府难以摆脱依靠土地财政谋求资金的惯性依赖，产生财政风险。因而有必要适当给予地方政府一定的举债权，对政府债务收支计划进行规范化管理。2014年，中国出台新的《预算法》，允许地方政府发行债券、举借债务，这对于促进资金融通、缓解财政压力和加强民生建设有着重要的作用。但还需对此类发债行为进行严格的法律规定，在发行过程中也要严格审核。在新《预算法》的实施过程中，如何避免审核过程过长导致资金到位的不及时，法律责任人的不明确等诸多问题，也需要在实践中进一步探索，以切实增加政府的可用资金，降低债务方面的地方财政风险。

（四）对地方土地财政风险进行预警，建立风险准备金制度

应建立健全地方土地财政风险评估体系，加大风险管理及监督力度，合理制定风险警示指标并进行管理和预警，全方位跟踪监测地区情况，从而快速预测并发现潜在风险，进而降低地方财政风险的实际发生概率。同时，还应借鉴其他国家的经验，通过建立地方财政稳定基金来处理土地财政模式中的代际不公平问题，减轻地方财政的机会主义倾向，降低因地方经济波动给地方财政带来的不确定风险。地方政府可对未来一段

时间内财政风险的程度进行预测，依据风险程度的大小建立相应规模的风险准备金。当地方财政充裕、经济稳定的时候，政府可将一部分的风险准备金进行低风险投资，充分利用闲置的财政资金。而一旦出现地方财政风险，则预留的风险准备金将大大化解风险，避免发生更大的危害。

第三节　后土地财政时代辽宁土地财政转型研究

一、后土地财政时代的内涵

“后土地财政时代”是一个相对概念，指的是受国家房地产市场宏观调控政策影响及土地资源（耕地）瓶颈的约束，现行的土地财政模式不能再长久维持，在这一时期，地方政府无法继续依靠土地出让金与土地房产税费收入及土地储备抵押融资收入维持地方支出的情形。[①]

（一）土地资源的稀缺性决定了用于建设的后备土地资源减少

土地资源是不可再生资源，它的有限性决定了它的稀缺性。随着我国工业化和城镇化建设的推进，我国耕地每年减少 600 多万亩。[②] 工业化、城镇化的快速推进导致土地要素流出粮食生产领域，工业化、城镇化与粮食生产相互争地的矛盾日渐突出。耕地约束构成了我国粮食安全的重大挑战，后备土地资源的匮乏进一步加剧了耕地资源的紧张状况。根据《国土资源“十三五”规划纲要》，未来五年，全国适宜稳定利用的耕地保有量在 18.65 亿亩以上，基本农田保护面积在 15.46 亿亩以上，建设占用耕地在 2000 万亩左右。完成永久基本农田划定工作，确保耕地数量基本稳定，质量有所提升。国土部门与发展改革、农业、财政等部门通力合作，确保建成高标准农田 8 亿亩，力争 10 亿亩，土地整治补充耕地 2000 万亩以上。

① 王玉波. “后土地财政时代”地方政府角色转变与公共财政体系重构 [J]. 改革，2013 年第 2 期.

② 新华网. 工业化城镇化推进致我国耕地年减少 600 多万亩 [EB/OL]. http：//www.hnai. gov. cn/new/73791，2013 年 10 月 17 日.

这些政策的出台，充分证明了在后土地财政时代，用于建设的土地资源将会缩减，“土地财政”不是一种可持续的发展模式，不能为地方政府带来稳定的财政收入，而重视土地的集约利用成为未来发展方向。

（二）国家对房地产市场的宏观调控，促使土地出让金占财政收入比重下降

2011 年底举行的中央经济工作会议，明确要求“坚持房地产调控政策不动摇，促进房价合理回归”；2012 年 2 月，中央再次对房地产市场调控明确表态：

房地产调控目标有两个：一是促使房价合理回归不动摇，二是促进房地产市场长期、稳定、健康发展。2013 年房地产调控的“国五条”出台，包括完善稳定房价工作责任制、坚决抑制投机投资性购房、增加普通商品住房及用地供应、加快保障性安居工程规划建设、加强市场监管五项内容。近年来中央对房地产市场的调控，使得房地产投资需求和房价快速上涨的趋势得到了有效的抑制。根据政府数据，2011 年 10 月份中国 15 个最大城市的房产交易量同比下降 39%。① 房地产市场的波动传至土地市场，使得土地交易量萎缩，一方面带来土地出让金收入的减少，另一方面抑制土地抵押贷款的扩张，带来地方债的违约风险。一份 23 省市土地财政依赖度排名报告显示，截至 2012 年底，23 个省（市）最少的有 1/5 债务靠卖地偿还。② 因此，在后土地财政时代，国家宏观调控和地方政府利益之间的矛盾突显，必须深化财税体制改革，改变地方财政对土地财政的依赖。

二、辽宁土地财政的发展现状分析

（一）辽宁土地财政与基本经济状况

从辽宁的基本经济状况看，这十年间地方经济发展经历了低谷期，也

① 欧阳德. 中国大城市上月房产交易量同比下降 39% [N]. 金融时报，2011 年 11 月 22 日.

② 新华网每日经济新闻. 土地市场降温冲击地方债土地交易量已出现萎缩 [EB/OL]. http://news.xinhuanet.com/house/gy/2014－05－13/c_1110655442.htm，2014 年 5 月 13 日.

逐渐呈现出经济回暖的态势。如表 3.6 所示，2017 年地区生产总值为 23409.2 亿元，是 2007 年 11164.3 亿元的两倍，辽宁地方财政收入受到经济低速增长的影响而增长乏力，在 2014 年和 2015 年下滑态势比较明显，2016 年开始有所回升。近年来伴随着经济的波动发展，辽宁省的土地财政收入从 2007 年的 830.46 亿元增长到 2011 年的最大值 3641.95 亿元，增长了 2.7 倍，随后逐步缩减，到 2016 年土地财政收入为 1151 亿元。从土地财政收入的增速来看，如图 3.2 所示，从 2008 年的 30.5%，上升到 2010 年的最高点 76.18%，2012 年到 2016 年出现了 5 年的负增长，由此可见 2012 年后土地财政收入规模缩减，后土地财政时代特征逐步显现。从土地财政收入占 GDP 的比重来看，由 2007 年的 7.44%上升到 2010 年的最高值 16.81%，随后下滑到 2016 的 5.17%，同样保持了相似的发展态势。2010 年后土地财政增速以及土地财政占比下降的主要原因在于受到宏观经济调控的影响，地方经济发展更注重结构调整，经济发展增速放缓；另外，国家对房地产市场的宏观调控，直接影响了建筑业和房地产的税收收入。

表 3.6　　2007—2016 年辽宁省土地财政与基本经济状况

年份	地方公共财政收入（亿元）	GDP（亿元）	土地财政收入（亿元）	土地财政收入增速（%）	土地财政/GDP（%）
2007	1082.7	11164.3	830.46	—	7.44
2008	1356.1	13668.6	1082.5	30.35	7.92
2009	1591.2	15212.5	1760.87	62.67%	11.58
2010	2004.8	18457.3	3102.28	76.18	16.81
2011	2643.2	22226.7	3641.95	17.40	16.39
2012	3105.4	24846.4	3085.48	−15.28	12.42
2013	3343.8	27213.2	2794.96	−9.42	10.27
2014	3192.8	28626.6	1707.94	−38.89	5.97
2015	2127.4	28669.0	1248.63	−26.89	4.36
2016	2200.5	22246.9	1151	−7.82	5.17

资料来源：《辽宁统计年鉴 2018》整理。

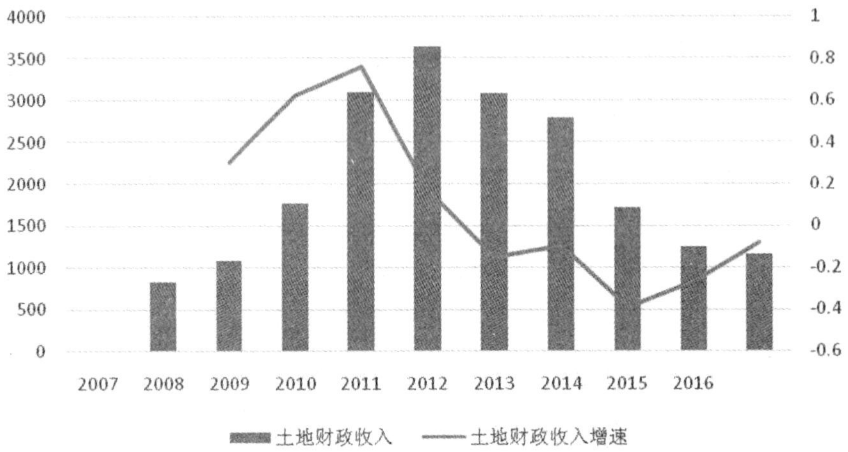

图 3.2　辽宁土地财政收入及其增速情况

（二）辽宁土地财政的结构分析

1. 辽宁土地财政结构特征

如图 3.3 所示，土地间接税收比例相对最小，十年平均占比 21.5%左右，土地财政直接税收占比 24%，而土地出让金虽然从 2011 年呈现出明显的萎缩态势，但是仍然是土地财政收入的主体，十年平均占比 54.5%，这也反映出辽宁省土地财政的运作主要以土地出让为主导。

表 3.7　　2007—2016 年辽宁土地财政收入及其构成　　单位：亿元

年份	土地出让收入	土地直接税收入	土地间接税收入	土地财政收入
2007	512.8	138.37	179.29	830.46
2008	717.1	193.29	172.11	1082.5
2009	1231.8	319.62	209.45	1760.87
2010	2324.4	435.01	342.87	3102.28
2011	2598	624.79	419.16	3641.95
2012	1771	854.97	459.51	3085.48
2013	971.04	911.96	911.96	2794.96
2014	121.24	793.35	793.35	1707.94
2015	665.29	291.67	291.67	1248.63
2016	550.0	300.5	300.5	1151

资料来源：《辽宁统计年鉴 2017》整理。

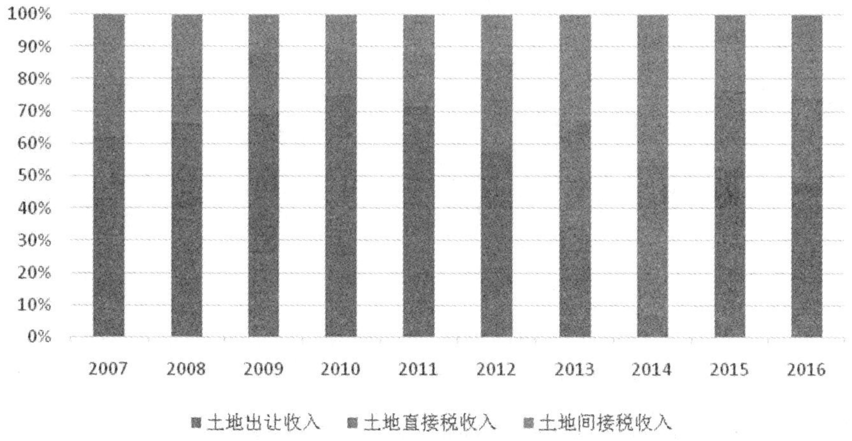

图 3.3 辽宁省土地财政收入构成比例图

2. 土地直接税构成

从辽宁省土地直接税收构成来看，契税收入占绝对主体地位，十年间平均占比为 33.38%，其次是城镇土地使用税平均占比 31.35%，土地增值税和耕地占用税占比相当，大约在 17%左右，如表 3.8 所示。契税是以所有权发生变动的不动产为征税对象，向产权承受人征收的财产税，征税范围包括土地和房产两类。契税占比从 2007 年的 46.8%下降到 2014 年的最低点 20.65%，又逐步回升到 2016 年的 33.4%，这表明受到辽宁经济发展形势的影响，2014 年土地、房产交易最为低落，2015 年后房地产交易有所回升，但是态势明显放缓。

表 3.8　　2007—2016 年辽宁土地直接税收入及其构成　　单位：亿元

年份	城镇土地使用税	土地增值税	耕地占用税	契税	土地直接税收入合计
2007	49.42	18.24	5.97	64.74	138.37
2008	66.03	24.78	24.33	78.15	193.29
2009	85.18	47.99	69.56	116.89	319.62
2010	108.05	77.59	96.43	152.94	435.01
2011	145.75	128.80	140.40	209.84	624.79
2012	221.92	190.38	225.20	217.47	854.97
2013	246.28	190.21	239.92	235.55	911.96

续表

年份	城镇土地使用税	土地增值税	耕地占用税	契税	土地直接税收入合计
2014	248.05	177.57	203.89	163.84	793.35
2015	125.41	46.14	15.07	105.05	291.67
2016	125.20	60.08	14.97	100.25	300.5

资料来源：《辽宁年鉴 2017》整理。

3. 土地间接税构成

从辽宁省土地间接税收构成来看，五项间接税税收收入呈现出线上涨后下降的态势。如表 3.9 所示，建筑业和房地产业营业税规模超过两行业的企业所得税，但是建筑业和房地产业营业税在 2013 年达到最高峰后，下降态势明显。这不仅与地方经济发展形势相关，也与结构性税务改革“营改增”息息相关。虽然辽宁省土地间接税收比例相对最小，但是十年平均占比达到 21.5%，可见间接税对预算内财政收入具有重要的作用。

表 3.9　　2007—2016 年辽宁土地间接税收入及其构成　　单位：亿元

年份	房产税	建筑业		房地产业		土地间接税收入合计
		建筑业企业所得税	建筑业营业税	房地产业企业所得税	房地产业营业税	
2007	29.86	7.03	54.07	19.86	68.47	179.29
2008	35.38	8.99	61.6	28.33	37.81	172.11
2009	41.09	16.14	77.58	20.22	54.42	209.45
2010	45.91	21.51	100.59	49.06	125.8	342.87
2011	55.87	29.2	126.13	61.98	145.98	419.16
2012	64.17	36.6	142.23	66.3	150.21	459.51
2013	72.35	43.35	161.64	70.53	196.92	544.79
2014	82.20	39.73	151.26	53.52	170.58	497.29
2015	82.37	36.62	125.96	37.30	141.61	423.86
2016	84.10	37.94	74.14	31.65	88.23	316.06

数据来源：辽宁房产税、建筑业企业所得税、房地产业企业所得税来自《中国税务年鉴 2008—2013》；辽宁建筑业营业税、房地产营业税，按照以下公式计算而得：

$$当年辽宁建筑业营业税=\frac{当年全国建筑业营业税}{当年全国营业税}\times 当年辽宁营业税$$

$$当年辽宁房地产业营业税=\frac{当年全国建筑业营业税}{当年全国营业税}\times 当年辽宁营业税$$

（三）辽宁土地出让情况分析

1. 土地出让的规模

2004 年，辽宁省政府出台了《辽宁省国有土地使用权招标拍卖挂牌出让办法》，原先划拨、租赁等方式批租的土地开始走上招标、拍卖市场，土地出让更加规范化。如表 3.10 所示，辽宁国有土地出让面积以 2011 年为分水岭，由 2007 年的 10956.67 公顷，增长到 2011 年的最大值 28719.14 公顷；从 2012 年开始，土地出让面积逐年减少，到了 2017 年仅有 5724.33 公顷，是近 9 年来的最小值；从成交价款和每公顷成交价格来看，波动性较大，2011 年每公顷成交价格最高为 1089.83 万元，2014 年每公顷成交价格最低为 118.60 万元，最高价格是最低价格的近 10 倍。土地出让价格的波动，主要受到了辽宁经济发展形势的影响，经济的下滑和低速增长，必然会影响到土地的成交价格。

表 3.10　　2007—2016 年辽宁省土地出让规模

年份	出让面积（公顷）	成交价款（万元）	每公顷成交价格（万元/公顷）
2007	10956.67	7082055.77	646.37
2008	7787.86	6202027.94	796.37
2009	14841	8954802	603.38
2010	22160.4	19167013	864.92
2011	28719.14	31299049	1089.83
2012	17158.84	17759602.73	1035.01
2013	16899.92	9710442.3	574.58
2014	10222.69	1212374.72	118.60
2015	8254.10	6652887.11	806.01
2016	5724.33	5499956.80	960.81

资料来源：《中国国土资源年鉴 2008—2017》整理。

2. 土地出让的方式

地方政府的土地供应分为两种方式：一是划拨，二是出让。而出让也包含两种形式：一种是市场化程度较低，并未体现出充分竞争性的“协议土地出让”方式，另一种是透明度和竞争程度高的完全市场化运作的“招拍挂出让”方式。如图 3.4 所示，在辽宁省国有土地供应比例中，土地的行政划拨比例呈现出增长态势，从 2007 年最低为 22.7%，到 2016 年最高达 62.7%；辽宁省协议出让土地占土地出让的比重最小，而市场化程度较高的招牌挂方式虽然近两年占比缩减，但仍占据主导地位，十年的平均比重为 49%，由此可见，随着土地出让市场的日益完善，辽宁各级政府更青睐以招、拍、挂方式进行土地出让，其土地出让方式不断向市场化方向发展，同时也进一步证明了土地出让金是土地财政的主要来源。

表 3.11　　2007—2016 年辽宁国有土地供应情况　　单位：公顷

年份	总量	划拨	出让	
			招拍挂	协议
2007	14173.73	3217.06	6479.61	4477.06
2008	11030.63	3242.77	6323.58	1564.28
2009	19932.28	5091.28	13071.96	1769.03
2010	29261.15	7100.75	19909.24	2251.16
2011	64838.22	36119.08	27243.05	1476.1
2012	30969.44	13263.49	16168.07	990.76
2013	35568.90	17177.29	15495.04	1404.88
2014	18825.36	8495.95	9515.99	706.7
2015	18038.31	9767.16	6414.63	1839.46
2016	15446.23	9685.87	4571.39	1152.34

资料来源：《中国国土资源年鉴 2008—2017》整理。

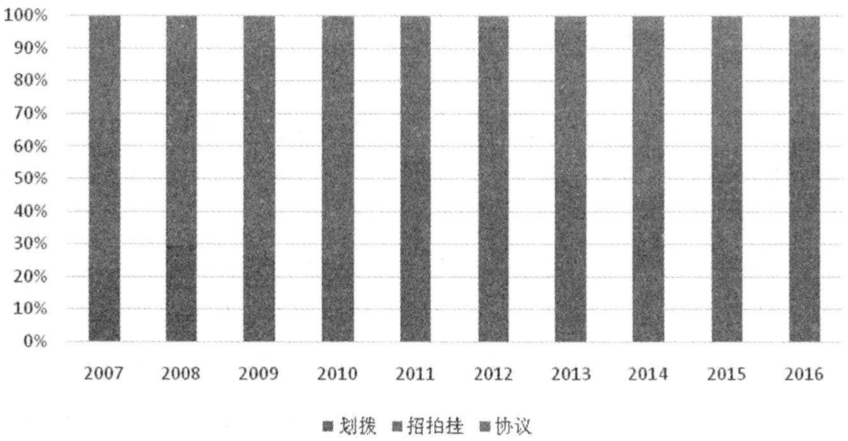

图 3.4　辽宁国有土地供应比例图

三、土地财政对辽宁经济发展的影响分析

（一）土地财政对辽宁经济发展的积极作用

地方政府的财政总收入包括一般预算收入、预算外收入以及政府性基金预算收入。在目前的财政收入结构中，地方政府的土地出让收入归为政府性基金预算收入。因此，土地出让收入首先作为地方财政收入的一部分，对地方政府的财政能力产生了直接的影响，尤其是在分税制改革后，土地财政收入有效地弥补了地方财政收入的不足。从现状分析可知，2012年辽宁土地出让收入 1771 亿元，占财政收入 7741.4 亿元的 22.9％，而 2010、2011 两年占比更高，都到达了 30％以上。另外，地方政府可以通过被出让土地的使用者征收城镇土地使用税、土地增值税、耕地占用税、契税等获得土地财政直接税收，以及通过房地产和建筑企业上交的营业税和企业所得税获得土地财政带来的间接税收，这是土地出让对地方政府财政收入的间接贡献。2012 年，辽宁省土地财政的直接税收和间接税收合计 1314.48 亿元，占到财政收入的 16.98％，可见土地财政带来的税收是预算内财政收入的重要组成部分。因此，土地出让较大程度上支撑了辽宁省地方财政能力，保障了辽宁经济建设的资金需求，有力地促进了经济社会的发展。

（二）土地财政对辽宁经济发展的消极影响

1. 土地资源过度消耗

地方政府通过土地出让来填充财政收入、促进经济增长并取得了一定的效果。就目前来看，地方政府主要是通过大量土地出让建设用地来实行土地财政的。建设用地不断扩张，逐渐占用耕地，导致耕地面积逐年减少。以辽宁省沈阳市为列，沈阳市从2001年开始真正意义上进行土地有偿出让，沈阳市的人均耕地面积随之逐渐减少，从2000年的0.0993公顷/人下降到2004年的0.0958公顷/人。2004年国务院发布文件《国务院关于将部分土地出让金用于农业土地开发有关问题的通知》，沈阳市拨款土地出让收入的15%或以上用来开发和整理农业用地，2004年后相应地增加了耕地面积；但从2006年开始，沈阳市的人均耕地面积逐年减少。依靠部分土地出让金收入来开发整理土地，增加的耕地面积已经跟不上耕地减少的速度，2009年人均耕地面积减少到0.0952公顷/人。[①] 由此可见，土地财政造成了土地资源的过度消耗，土地供需矛盾日益突出。

2. 房价持续走高

在房地产开发的各种资源中，土地作为载体无疑是最重要的资源。所以，在不断上涨的房价背后，地方政府对土地财政的依赖确实是一大根源。根据目前辽宁省实际情况，由土地财政的发展现状分析可知，辽宁每公顷土地出让价格逐年升高。而辽宁政府出让土地大多是以挂牌、拍卖的方式来进行的，在具体的操作中，地方政府出让土地对房地产市场的影响大体是通过两种方式产生的，一是限制土地的供给量，二是控制挂牌、拍卖土地的底价。一方面，地方政府处于土地市场的垄断地位，可以任意决定土地的供应量。只要让土地的供给量低于实际需求，就会造成供不应求的局面，从而使开发商争先恐后地以高价拿地，造成“天价”。[②] 而房价又是建立在地价的基础上的，以高价拿地的开发商建成住房以后，必然以更高的价格将商品房卖出，高地价又推动了高房价。另一方面，地方政府在拍卖土地时一般会把底价定得较高，有时即使在房地产市场不景气时期，

---

① 刘资含. 沈阳经济发展的“土地财政”依赖与转型研究［D］. 大连：东北财经大学，2011年.

② 丁军. 土地财政对房地产市场价格的影响. 经济研究［J］. 中国城市经济，2010（10）.

由于开发商资金紧张，会出现土地流拍的现象。而土地流拍就进一步减少了土地供应，所以，地方政府能够以一个较高的价格出让土地，获取较高的土地出让收益。以沈阳市为例，2007 年沈阳市商品房成交均价为 3322 元/平方米，到 2018 年涨到 9005 元/平方米，涨了近 2 倍。

3. 财政金融风险加大

我国《预算法》对于地方政府发行地方政府债券是有明确规定的，除另有规定的情况外，地方政府不被允许发行地方政府债券，也就不允许政府直接向银行借款，因此地方融资平台相继出现。地方融资平台是指由地方政府发起设立，以土地、财政补贴资金、股权等作为资产，建立起的资产和现金流达到融资标准的公司，主要用以实现债务融资，进而将其资金用于城市基础建设。截至 2010 年末，辽宁有省、市、县各级地方政府融资平台 184 家。根据辽宁省公布的 2010 年审计报告指出，2010 年末政府性债务余额 3921.6 亿元（不含大连市），其中，政府负有偿还责任的债务 2676.9 亿元，占 68.3%，政府负有担保责任的债务 998 亿元，占 25.4%，其他相关债务 246.7 亿元，占 6.3%。辽宁省 11 个市本级、34 个县（区）政府负有偿还责任的债务 2108.9 亿元中，有 1138.9 亿元是承诺以土地出让收入为偿债来源，占 54%。部分市县债务率较高，偿债压力较大。有 5 个市本级和 4 个县（区）政府负有偿还责任债务率高于 100%，远远超过国际警戒线。很多平台公司资产变现能力偏低，偿债能力受制约。截至 2010 年末，辽宁省有 83 家平台公司资产总额中包含市政基础设施等不能变现的资产 964.5 亿元，占 33.6%。① 辽宁省审计报告指出，至 2010 年末，辽宁省有 184 家融资平台公司，其中有 59 家存在注册资本不实等诸多问题，涉及违规资金 440.8 亿元。付东阳等 2018 年发布的《辽宁地方政府与融资平台债务分析报告》指出，“辽宁省融资平台存量债务以中长期企业债务为主，发行人信用等级以 AA 为主。从各市情况看，大连市存量规模居前，2018—2021 年为偿债高峰期。省内融资平台近年来资产规模保持增长，但经常性活动盈利能力弱，对政府依赖性较强，负债普遍偏高。”由此可见，辽宁省地方政府的通过地方融资平台实现融资的能力受到限

---

① 张霓. 辽宁地方政府融资平台转型与融资方式创新 [J]. 辽宁经济，2012 年 4 期.

制，在预期投资收益无法保证、财政收入不稳定的情况下，资金链一旦断裂，就会造成地方金融风险和财政风险的显性化。

四、后土地财政时代辽宁土地财政转型的政策建议

土地财政在辽宁财政收入中占有较大比重，是辽宁财政收入的重要来源，对辽宁经济发展起到了一定的促进作用，但是地方政府依靠土地财政谋取经济发展是不可持续的，带来了土地资源的过度消耗、房价的持续走高，以及财政金融风险加大，因此，在后土地财政时代加快辽宁省土地财政转型对促进辽宁地方财政可持续发展具有重要意义。

（一）完善现行财税体制，扩大房产税试点，适时开征物业税

1. 明确政府间事权和支出责任

合理划分政府间事权和支出责任，在当前中央财政财权较为集中的情况下，中央财政应该更多地承担一部分支出责任，尤其应加大中央对基础性公共服务的支出责任。例如，安排住房保障专项资金，保证困难地区保障性住房建设。另外，进一步优化现行税制，调整政府间财力划分，适当提高地方政府收入分享份额，扩大地方一般预算中自主性收入的比重，摆脱下级财政过度依赖上级财政转移支付的格局，使地方财权、财力与事权、支出责任间能较大程度匹配。从而减轻地方政府的支出责任，改变地方政府财政收支不平衡的局面，确保政府能够不依赖于土地财政收入而保证财政自给。

2. 加快房产税立法，扩大房产税试点

房产税是指以房屋为征税对象，按房屋的计税余值或租金收入为计税依据，向产权所有人征收的一种财产税。2011 年 1 月 28 日，上海、重庆开始试点房产税。通过上海和重庆的实行来看，房产税不能起到遏制房地产市场投机投资性需求，平抑房价的作用，但是对增加地方财政收入起到了积极作用。但是目前房产税涉及重复征税等问题，因此应加快房产税的立法工作，逐步扩大房产税试点。

3. 适时开证物业税

物业税，也称财产税或地产税，是以房屋、土地等不动产为征收对象，对其所有者或者承租者征收的税款。物业税按年征收，不动产价值的

高低决定着所征物业税的多少，即以财产持有为课税前提，以财产价值作为课税依据。物业税是一种地方税。在2009年5月，面对全国各地土地财政严重和房价飞速上涨的情况，国务院就已经出台文件《关于2009年深化经济体制改革工作的意见》，要求各地深化房地产的税制改革，研究开征物业税。虽然辽宁省还没有明确开征物业税的具体时间，但是一项税种的设计必须有合适的纳税人、课税对象、税基和税率才能实行。若要开征物业税，需要根据辽宁的实际情况，设计一种适合辽宁省的较为科学合理的税制。开征物业税是解决地方财政收入来源不足，摆脱土地财政严重依赖的合理手段。

（二）严格执行土地储备制度，加强土地资源管理

1. 科学制定土地储备计划

当前的土地储备除了要服务于国有土地资产保值增值的需要，更重要的是发挥其对经济社会发展的调控职能，如对房价的稳定作用、对产业结构调整的引导作用。因此，辽宁省土地管理部门应切实做好土地储备工作，科学制定土地储备计划。在一定程度上，土地储备计划的完善程度直接关系到其他经济社会发展规划，如土地利用规划、住房规划、经济发展目标、产业结构比例等。因此，土地管理部门应理顺土地储备与经济社会发展的关系，根据调控土地市场的需要，结合经济社会发展规划、土地利用规划等总体规划，合理确定土地储备规模，完善土地储备计划。在制定土地储备计划的同时，土地管理部门还应遵循可持续发展原则。在土地收购、储备以及使用权移转的过程中，充分考虑长远规划与短期利用之间的矛盾，协调好基于土地的经济社会长远发展与资源消耗的关系，避免盲目收储地、放地等政府短期行为；严厉杜绝为获取土地收益而进行的违法占地、违法批地行为。在科学的土地储备计划指导下，土地管理部门还应相应完善有利于计划实施的配套方案，以提高计划实施的效率。如在土地总体储备规模既定的情况下，应适当考虑在经济适用房宜建区加大土地储备力度，以保证经济适用房建设目标的实现。

2. 严格控制建设用地增速

由以上分析可知，辽宁省人均耕地面积在逐年减少，因此，严格控制建设用地的增速，加强土地资源管理尤为重要。首先，建设用地审批要体

现产业政策方向。2010 年 4 月，经国务院同意，国家发改委正式批复沈阳经济区为国家新型工业化综合配套改革试验区，这标志着沈阳经济区成为国务院批准设立的第八个国家综合配套改革试验区。因此，基于沈阳经济区的发展目标，建设用地的审批项目应当以工业项目为主，并以高科技企业为增长点，体现政府产业政策导向。其次，实行差别定价，实现价格调控。在全面实行工业用地招拍挂出让和工业用地最低价标准的基础上，建立工业用地出让价格差别定价机制，利用价格杠杆来促进产业结构转型升级。最后，强力征收土地闲置费并收回闲置土地。对被界定为闲置或未充分利用的土地，根据不同情况，强力收取相应的土地闲置费。对闲置 2 年或 2 年以上的土地，坚决依法收回土地使用权。

（三）创新土地出让方式，实行土地出让收入共享制

1. 创新土地出让方式

辽宁省地方政府应在政策允许的范围内，积极创新土地经营方式，在实现土地资源价值的同时，保证其对市场经济宏观调控作用的发挥。一方面，发挥协议出让的产业扶持作用。辽宁省政府应积极完善当前的协议出让机制，明确具体的产业政策依据，从而充分发挥协议出让的产业扶持作用。另外，在协议的过程中，政府部门还可以就协议内容进行变革，除就出让的价款进行协商外，还可以适当增加与经营情况相关的附生效条件条款或限制性条款，以增强土地协议出让的实施效率。另一方面，改革招拍挂出让的具体内容，根据不同企业类型合理确定出让形式。例如，对于实力比较雄厚的外资企业和房地产企业，可以继续采用批租制出让土地，而对于多数中小型企业，则可以实行年租、季租、月租等短租制。在经营性用地的招拍挂中，政府部门还可以通过不同供地条件的设置来实现对宏观经济的调控，起到弱化市民对房价上涨的预期，稳定房价目的。

2. 实行土地出让收入共享制

建议实行土地出让收入共享制，调整中央与地方政府之间的土地收益分配关系，通过中央政府参与土地出让金的分享，降低地方政府对土地出让收入的依赖。中央政府集中一部分土地出让收入，有利于促进社会公平和区域间均衡发展；省级政府提取一部分收入，有利于调节各地的土地开展整理工作，并有效履行全省范围内土地总量调控、规划管理和重大用地

行为审查等职能。另外，应该将“土地出让金”正式纳入预算管理范围，这样有利于土地出让金收入规范化管理，并明确其具体用途，目前国务院规定了五大类用途，即征地和拆迁补偿支出、土地开发支出、支农支出、城市建设支出和其他支出，应该进一步细化支出顺序和保障重点，例如，征地和拆迁补偿支出必须足额保障；土地开发支出要严格控制、支农支出要重点倾斜；城市建设支出和其他支出要严格执行预算等。

（四）加强土地财政监管，防范财政金融风险

1. 加大土地财政管理力度

地方政府对土地的管理应该是贯穿于土地市场发展全过程的系统活动，包括对土地市场的培育、对土地供应规模的限定、对土地利用规划的坚持、对土地利用效率的把握、对土地收益分配及使用范围的界定，等等。就辽宁省当前土地财政的发展状况而言，应该切实加大对土地财政的管理力度，严格控制以获取土地出让金收入为目的的土地出让，加强对土地利用绩效的评估，合理分配土地收益，完善土地收益使用向农村、农民、农业倾斜的机制，大幅提升土地财政发展的经济社会效益。

2. 规范地方融资平台建设

目前辽宁地方融资平台存在较大的财政风险。首先，加强清理整顿，防止平台贷款风险爆发。一方面全面测算辽宁地方政府的财政偿还能力，合理确定贷款总规模和新增贷款总量，防止地方政府负债总量规模的进一步盲目膨胀；另一方面多管齐下，落实融资平台贷款还款来源，有效保全资产，确保总体风险处在可控范围之内。其次，借鉴国际经验，探索市政债券发行。从发达国家的经验看，允许地方政府发行债券，是各国筹集城市公共基础设施项目建设资金的主要做法，也是实行分税分级财政体制国家的普遍经验，如英国、美国、德国和日本等国家，地方政府债在其财政收入及债券市场体系中都占有重要地位。因此，在借鉴成功经验的基础上，结合辽宁实际，逐步建立一套规范的地方政府举债融资机制。再次，完善制度建设，加强地方政府负债管理。一方面，强化地方人大对本级政府预算的监督。地方政府或其所属机构的资本运营、债务事项，应该明确向各级人大公布并接受监督。另一方面，建立强制性的政府财政信息披露制度，使地方政府隐形债务透明化。最后，完善地方政府债务风险管理体

制，建立多层次政府债务风险预警指标体系，对地方政府债务风险转变为金融风险和财政风险的传递链条乃至债务危机的触发条件进行深入探讨与关注。

第四章　支持辽宁地方经济发展的财政政策研究

第一节　提升辽宁省服务业质量的财政政策研究

一、提升服务业质量的现实背景和研究意义

习近平总书记在党的十九大报告中指出，我国经济已由高速增长阶段转向高质量发展阶段，“正处在转变发展方式、优化经济结构、转换增长动力的攻关期”。坚持质量第一、推动质量变革、建设质量强国、显著增强经济质量优势是提高经济发展质量的重大战略部署。因此，对辽宁服务业发展质量进行准确判断显然具有较强的理论和现实意义。

近年来，辽宁省服务业迅猛增长，占国民经济的比重持续上升，2017年达到51.6%，随着服务业规范化、国际化、品牌化程度不断提升，服务质量水平明显提高，服务业发展质量对整体国民经济经济增长质量的影响越来越重要。“十三五”规划要求“促进服务业优质高效发展”“推广优质服务承诺标识与管理制度，培育知名服务品牌”，国务院关于生产性、生活性服务业的部署明确提出“健全服务质量治理体系”“实施重点服务质量提升工程”等政策举措。2018年3月，辽宁省委、省政府制定了“一带五基地”建设方案，计划进一步促进我省二产的三产化，不断提升经济实力，实现全面振兴，到2030年基本形成现代产业体系。因此，推动经济高质量发展是现代产业体系高端化的选择。服务业是现代产业体系的重要组成部分，质量是实现服务业大发展的关键支撑。

（一）研究背景

1. 实现经济高质量增长是以习近平同志为核心的党中央提出的要求

党的十八大以来，以习近平同志为核心的党中央准确把握复杂局势，科学判断，正确决策，真抓实干，引领我国经济取得历史性成就，发生历史性变革。习近平总书记强调，现阶段我国经济发展的基本特征就是由高速增长阶段转向高质量发展阶段。实现高质量发展，是保持经济社会持续健康发展的必然要求，是适应我国社会主要矛盾变化和全面建设社会主义现代化国家的必然要求。

随着从高速增长向高质量发展迈进，中国经济正在开启新的时代。党的十九大报告给出了一个全新的判断："我国经济已由高速增长阶段转向高质量发展阶段"，同时提出了"建设现代化经济体系"的新任务，"推动经济发展质量变革、效率变革、动力变革"。围绕着质量变革，中国正在展开一场从理念、目标、制度到具体领域工作细节的全方位变革。

党的十九大报告指出：我国经济已由高速增长阶段转向高质量发展阶段，正处在转变发展方式、优化经济结构、转换增长动力的攻关期。2017年中央经济工作会议中指出，中国特色社会主义进入了新时代，我国经济发展也进入了新时代，基本特征就是我国经济已由高速增长阶段转向高质量发展阶段。

习近平总书记指出，建设现代化经济体系，要以供给侧结构性改革为主线，必须把发展经济的着力点放在实体经济上，把提高供给体系质量作为主攻方向。服务业是现代化经济体系的重要组成部分，提高服务业发展质量，是党和国家对我们提出的一个要求。

2. 实现经济高质量增长是习近平新时代中国特色社会主义经济思想的要求

以新发展理念为主要内容的习近平新时代中国特色社会主义经济思想围绕着效率变革，改革将着力破除制约效率提升的各种体制、机制障碍，打破行政性垄断、推动要素价格的市场化，加快实体经济、金融、对外开放等领域的效率提升。围绕着动力变革，拉动中国经济增长的动力，正在从传统要素驱动向创新驱动转变。服务业增加值在GDP中的占比从2011年的44.4%快速上升至2017年前三季度的51.6%；超过三分之二的经济增长来自消费，而不是投资出口；与此同时，制造业技术升级、产业结构高端化的发展特征愈加明显。

提高服务业质量是适应经济发展进入新时代推动高质量发展的必然要求。当前，世情、国情正在发生重大变化。世界范围内正在迎接第三次工业革命的到来，由工业经济继续向服务经济转变，发达国家服务经济占比已达到70%。我国正在从机器代替人工的工业1.0时代、流水线生产的工业2.0时代、高度自动化的工业3.0时代，进入到以互联网、大数据为支撑，以智能化为标志的工业4.0时代；正在从小农经济的农业1.0时代、种植大户的农业2.0时代，进入到农业现代化的农业3.0时代；正在伴随着进入从工业化中期进入工业化后期，高端装备和现代服务业加速发展的服务业现代化2.0时代；正在从过去大力引进外资、大力出口低附加值产品，转向以“一带一路”为牵引，加快高端产品出口、成熟过剩产能输出、加快境外投资的对外开放2.0版本时代。现代科技、信息化、“互联网+”战略等科学技术不断涌现新产业，催生新业态，对服务业发展起到了越来越发挥着十分重要的作用。

3. 实现经济高质量增长是全面建成小康社会提出的要求

第一个一百年目标，要求我国到2020年时要实现以服务经济为主导的经济结构转型，在基本完成工业化任务的基础上逐渐步入后工业化社会。

4. 实现经济高质量增长是科学技术发展的要求

新兴技术的兴起促进产业融合和结构变化。随着移动互联网、物联网、云计算和大数据技术的成熟，生产制造领域将具备收集、传输及处理大数据的高级能力，使制造业形成工业互联网，带动传统制造业的颠覆与重构——新一轮工业革命已经向我们袭来。现代信息产业和信息技术的发展促进信息技术、网络技术和管理技术与服务业的结合，进而促进现代服务业的跨界融合，并催生“互联网+”新业态。金融、商务、科技服务等行业的快速发展带动了信息服务和电子商务等行业的创新步伐，信息技术和电子商务的发展同时又为传统服务业提供技术支持及保障，形成服务业的良性融合和循环，正在有力地促进服务业进一步转型发展和提升。以大数据、云计算、移动互联网、物联网和3D打印为代表的新型信息技术正引领着新一轮产业革命的到来，并推动着现代经济的不断发展壮大，蕴含着商业模式的不断创新，服务业发展越来越呈现出跨界融合的新态势和新特征。

5. 国家、省、市等一系列发展战略的要求

党的十九大制定《国家“十三五”规划纲要》《国务院关于近期支持东北振兴若干重大政策举措的意见》《国务院关于全面振兴东北等老工业基地的若干意见》《辽宁省服务业发展“十三五”规划》《中共辽宁省委辽宁省人民政府关于推进供给侧结构性改革促进全面振兴的实施意见》《辽宁省人民政府关于加快发展生产性服务业促进产业结构优化升级的实施意见》《辽宁省人民政府关于推进服务业供给侧结构性改革的实施意见》以及国家级中心城市建设和生产性服务业等有关的规划。

辽宁省正面临国家提高经济发展质量、加快发展现代服务业、实施新一轮振兴东北等老工业基地重大战略，提升服务业质量，对于落实“三个着力”“四个推进”，全面实现小康社会和“五大发展战略”及新一轮辽宁老工业基地全面振兴，实现中华民族伟大复兴的中国梦等都具有重要的现实意义。

6. 新时代供给侧改革与新消费引领任务的要求

随着中国经济发展进入新常态，国家加快供给侧结构性改革，进一步推动消费升级，以新消费引领新供给，以新供给创造新需求，加快培育经济发展新动能，推动我国经济保持中高速、迈向中高端。消费对经济增长的拉动效应日益凸显。2015 年 11 月 23 日，国务院发布《关于积极发挥新消费引领作用加快培育形成新供给新动力的指导意见》，部署消费升级来引领产业升级，并通过制度创新、技术创新、产品创新来增加新供给，满足创造新消费，形成新动力。2015 年 11 月 22 日，国务院发布《关于加快发展生活性服务业促进消费结构升级的指导意见》，提出增加服务有效供给，扩大服务消费需求，加快发展生活性服务业。

在经济发展新时代，社会主要矛盾发生变化，消费也同步步入个性化、多样化的新阶段，呈现出新的特征。居民消费需求呈现多层次、多样化、多元化态势。消费领域不断扩展，消费选择意识不断增强，从对商品和服务的选择看，居民消费的选择意识增强，提高消费质量成为普遍的追求。消费观念的转变和消费方式的创新升级进一步加快，新一代中等收入

人群消费新主体异军突起。

（二）研究意义

随着经济的高速发展，全球产业结构发生了很大变化，服务业在经济发展中的地位日益显著，逐渐成为各国国民经济的主导产业，全球产业结构的总趋势也呈现为向“服务型经济”转型。因此，服务业发展受到政府部门和学术界的高度关注。根据国家统计局公布的数据，服务业即第三产业增加值在GDP中的占比从2011年的44.4%快速上升至2016年的51.6%，比上年提高1.4个百分点，高于第二产业11.8个百分点；2017年前三季度为52.9%。因此，在全球产业结构正加快向“服务型经济”转型，服务业已经成为促进经济增长的新引擎的大背景下，研究和提升辽宁服务业发展质量具有重要意义和作用。

1. 提高服务业质量，是辽宁省产业结构优化升级的战略选择

产业结构的服务化程度是判断产业结构优化度的重要指标。当前，辽宁经济正处于工业化中期向后期转变的过程中，已经开始进入由“工业型经济”向“服务型经济”转型的关键阶段。随着工业化的发展，在工业产品的附加值构成中，纯粹制造环节所占的比重越来越低，而服务业特别是现代服务业中物流、营销、研发、信息服务等专业化生产服务所占的比重越来越高，成为企业提高效益的主导因素。因此，有效地利用服务资源是工业企业增强市场竞争力的必然选择。另外，服务业的快速发展，特别是物流、咨询、科技等专业服务机构的不断涌现，将为工业企业提供更好更多的服务，许多企业可以把过去自己从事的一些业务活动交给外部专业服务机构去完成。伴随着产业专业化分工的深化和设计策划、技术研发和物流等现代服务业的进一步发展，推动传统制造业的产业组织和生产经营方式的改造，加速产业升级转型的步伐，经济活动将逐步由以加工制造为中心转向以生产性服务为中心。“十三五”时期，我省要把握发展大势，顺应时代潮流，提升服务业尤其是现代服务业的发展规模和水平，提高服务业发展质量、加快高新技术产业和先进制造业有机融合、互动发展，全面实现经济社会现代化。

2. 提高服务业质量，是推进新型工业化进程的迫切需要

工业化是现代城市经济和社会发展的动力与支撑，是实现现代化不可

忽略的发展阶段。加快新型工业化建设，走以信息化带动工业化的新路子，必然引起工业部门对信息服务业的强烈需求，因此，要推动现代服务业中的通信、信息、计算机网络服务、综合技术服务等发展。同时，随着现代城市经济的快速发展，土地供给与需求的矛盾必将进一步加剧，现代城市发展工业的优势将逐步消失。只有加快发展占用自然资源较少、人力成本较高的现代服务业，才有利于发挥现代城市的比较优势，提升现代城市的核心竞争力。中心城市的集聚功能为其创新功能的实现提供了人才、资本、技术等创新条件和环境，同时中心城市的扩散功能又要求中心城市只有在制度、技术等方面不断创新才能在区域中保持其作为中心的地位和作用。

3. 提高服务业质量，是解决民生问题的基础工作

服务业是就业的“蓄水池”，以就业结构来考察国际大都市三次产业结构，现代服务业的就业扩张拉动作用异常明显。纽约、巴黎和伦敦第三产业就业比重都在90%左右；台北、香港、法兰克福和米兰也在80%以上。发展服务业可以拉动就业，改善民生。目前，每年全省城镇新增就业人员中绝大多数被安置在服务业。发展服务业可以满足全体居民对生活质量的强烈愿望，不断增强老百姓的幸福感，是实现社会转型的有效途径。后工业化时代经济的发展模式以消费为主动力，家庭需求升级将成为新兴产业培育和发展的原动力，企业是新兴产业培育和发展的主要载体。为此，政府可以通过对企业的创新生产、家庭的消费升级进行适时、合理的补贴，实现由资源驱动向创新驱动的转变。

4. 提高服务业质量，是实现区域经济社会可持续发展的必由之路

从实施计划经济开始，辽宁地区的重化工业结构呈现刚性增长态势，近些年所占比重都在80%左右，这是辽宁具有资源消耗型工业体系特征的重要原因。经济获得高速发展，但高增长主要是由高投入拉动的，GDP随全社会固定资产投资的增长而增长。但服务业的发展一直滞后，所占比重不仅低于沿海先进地区，也低于全国平均水平。目前60%以上的节能仍需要结构调整来完成，技术性节能措施只能实现节能30%～40%。目前，辽宁省和沈阳经济区土地开发强度较高，要素成本不断上升，土地、能源、资源和环境约束越来越紧。我国正处在工业化和城镇化加快发展阶段，能

源消耗强度较高，消费规模不断扩大，加剧了能源供求矛盾和环境污染状况，能源问题已经成为制约经济和社会发展的重要因素。服务业尤其是现代服务业以知识和人力资本投入为主，是清洁产业、无烟产业，能耗低，排放少。低能耗、智能化、数字化、文化化、省时化和生态化将成后工业化社会消费的主流趋势。服务业有助于实现经济发展方式由高能耗向低能耗转变。加快发展现代服务业不仅能有效地满足家庭追求幸福指数最大化的需要，而且能适时进行经济发展驱动力的转变。大力发展服务业，用现代服务业对第一、二产业内部结构进行优化和重组，有助于减轻对自然环境的破坏，摆脱依赖高投入、高消耗、高排放的传统经济增长模式，可以有效地节能减排，缓解经济发展与资源环境的矛盾，促进经济社会发展切实转入全面协调可持续发展的轨道，推动资源节约型和环境友好型社会建设。

5. 提高服务业质量，是沈阳经济区区域合作，实现一体化发展有效途径

现代服务业具有地理聚集性，由于产业链的纵向延伸和横向扩展，容易形成产业集群，有利于产业本身形成规模优势和协同效应，提高产业整体效益。区域内各城市可以分享生产性服务业、消费性服务业的规模和协同发展带来的好处；中心城市从中可以获得广阔的腹地，为其城市功能转型和产业结构优化升级提供了依托；其他城市充分利用中心城市的辐射，承接其转移出的生产能力，为其提供配套服务，并充分利用中心城市的综合服务功能为自己提供资金、信息、科技支持。通过区域内城市之间优势互补的合作，避免了城市之间产业的同质、同构竞争，放大了整体效应，就可以促进经济区的城市融合与经济一体化进程。

（三）研究方法、创新点和不足

1. 研究方法

（1）文献研究法

在服务业发展中提高服务业的质量就是要研究在辽宁老工业基地的振兴中，通过提升服务业的质量，提高居民的消费水平，加快生产性服务业与制造业的融合发展，提升服务业的竞争力。关于服务业的研究，受到了国内外学者和政府相关机构工作人员的重视，取得了一些学术成果。但

是，对如何提升服务业的质量，还缺少系统、深入的研究。针对辽宁省提升服务业质量研究梳理较少的现状情况，本课题对国内外关于提升服务业质量方面的研究成果和一些省份文件进行了研读、总结和借鉴。

（2）比较研究法

本课题通过对全国相关省市的大量调研，将辽宁省服务业质量相关情况与典型、先进地区进行对比分析，特别是对辽宁省各市进行了指标对比，提出了考评服务业质量的指标体系，为提出如何提升辽宁省服务业质量的政策和建议提供了基础性判断。

（3）定性与定量相结合分析法

通过对辽宁省服务业发展质量进行理论分析，查阅国家统计年鉴、辽宁省年鉴以及实际调查，获得大量真实可靠的数据，经过梳理、统计、分析，以期取得客观、深入的认识，利用模型进行分析测量评价，从而得出辽宁省服务业质量的优长、短板和发展建议。

2. 创新点和不足

第一，构建了较为完整的服务业增长质量指数来测度辽宁省服务业增长质量。从服务业的效率、结构、平稳性、福利水平和外部环境五个维度对服务业质量展开分析。

第二，通过全要素生产率的测评和改进的 TOPSIS 评价模型对服务业增长质量进行综合评价分析。从狭义和广义两方面对服务业质量进行综合评估。

第三，提出了以新一代信息技术为支撑，推动生产性服务业向专业化和高端化拓展，大力发展面向生产的服务业，促进现代制造业与服务业的有机融合，互动发展；推动生活性服务业向精细化和高品质提升，不断满足人民日益增长的对美好生活的需要，解决不平衡不充分的发展之间的矛盾。

第四，根据数量分析，强化了信息技术对服务业质量提升的重要性，注重在对策和过程中加以重点明确。

二、辽宁省服务业发展的现状分析

（一）辽宁省服务业发展现状

1. 服务业年均增速高于 GDP 增速，为质量提升打下良好基础

2006年以来，辽宁省服务业增加值不断增长，从2006年3798.25亿元，增加到最高点2015年的12976.8亿元，随后有所回落，到2017年服务业增加值达到12362.1亿元，年均增长11.98%。从服务业增速来看，2011年以前，辽宁省服务业增速低于GDP增速，2011年以后，服务业增速高于GDP增速，2005—2017年辽宁省服务业年均增长率为10.01%，高于同期GDP年均增长率9.21%。由此可见，辽宁转型升级取得了一定的成绩，服务业保持了较快的增长态势，这为服务业质量的提升打下了良好的总量基础。

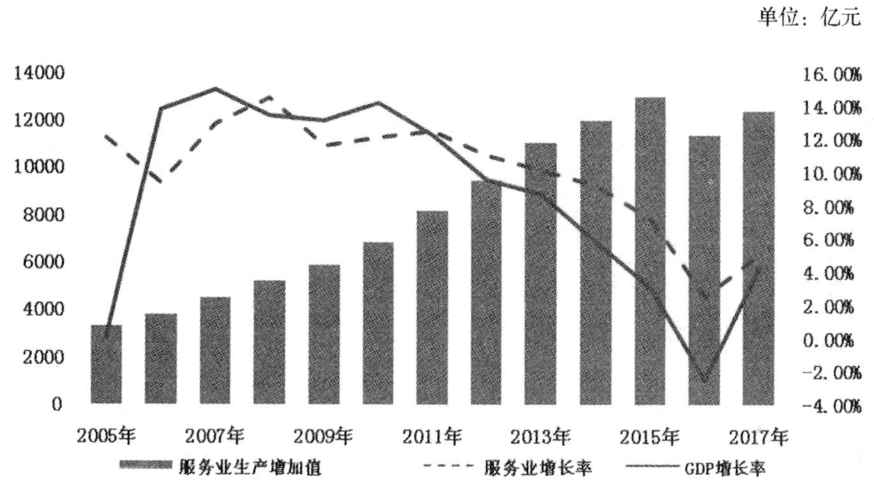

资料来源：根据wind数据库数据计算而得。

图4.1　2005—2017年辽宁省服务业增加值及增长率、GDP增长率

2. 服务业在国民经济中的比重不断上升，逐步呈现“三二一”产业结构

辽宁三次产业结构处于不断调整之中，产业结构不断优化，经济结构日趋合理，服务业占地区生产总值的比重平稳上升。2006年到2014年，服务业所占比重逐步逼近并超越了第二产业，2015年服务业占比第一次超过工业近1个百分点，2016年服务业占比51.55%，2017年服务业占比51.6%，三产呈现出明显的“三二一”型产业结构，服务业发展后劲十足。

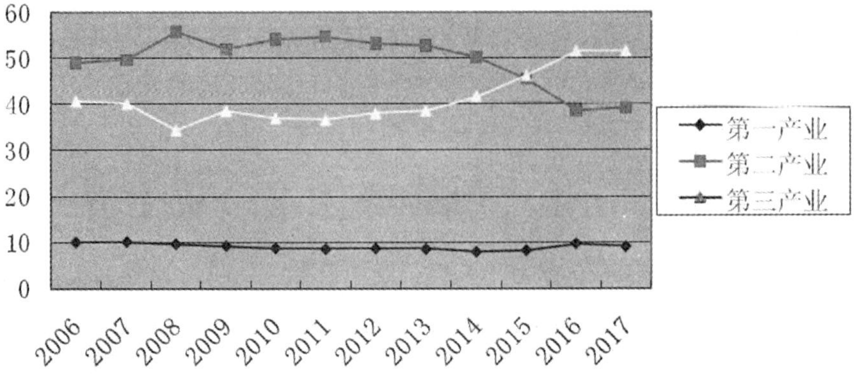

资料来源：根据 wind 数据库数据计算而得。

图 4.2　辽宁省三产所占比重

3. 服务业成为吸收就业的主要渠道，为服务业质量的提升奠定了人力基础

辽宁省服务业从业人员从 2006 年的 821.7 万人，增长到 2016 年的 1023.1 万人，增长近 24.5%；服务业就业人员的比重从 2006 年的 38.6% 提高到 2016 年的 44.46%，成了吸纳就业的最主要渠道，这充分显示出服务业在吸收劳动力就业方面的巨大容量。三次产业就业人数比重的变动可

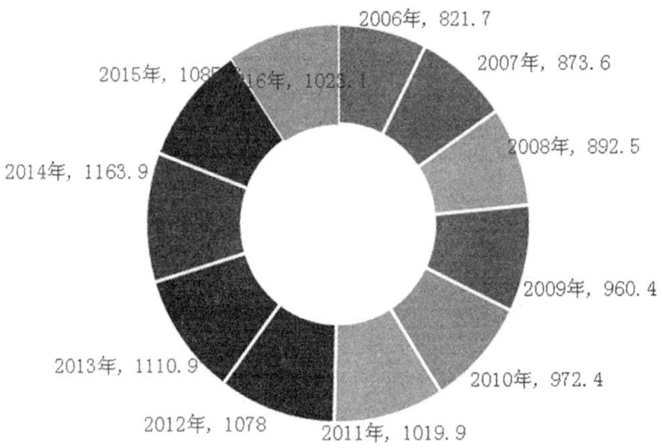

资料来源：根据 wind 数据库数据计算而得。

图 4.3　2006—2016 年辽宁省服务业就业人员数

以反映一个地区就业结构的变动。近年来，辽宁省第一产业就业比重不断下降，第二、三产业就业比重稳步上升，表现出从劳动生产率较低的农业向劳动生产率较高的工业和服务业转移的趋势，辽宁省就业结构逐渐趋于合理。尤其是近年来，辽宁推出多项政策措施鼓励“双创”，进一步拉动了就业，为服务业质量的提升奠定了人力基础。

具体到各细分服务业内部，辽宁省服务行业就业仍主要集中于劳动密集型服务业，但新兴服务业从业人员总数占比有所提升。例如，资本、技术和知识密集型服务业信息传输、计算机服务业和软件业从业人员比重从2006年的0.68%提升到2016年的1.23%，房地产业从业人员比重从2006年0.73%提升到2016年的1.17%；金融业从2006年的1.69%提升到2016年2.64%。

表4.1　2006—2016年辽宁服务业细分行业从业人员年末人数比重　　单位:%

年份	批发和零售业	交通运输、仓储及邮政业	住宿和餐饮业	信息传输、计算机服务和软件业	金融业	房地产业	租赁和商务服务业	科学研究和技术服务业	水利、环境和公共设施管理业	居民服务、修理和其他服务业	教育	卫生和社会工作	文化、体育和娱乐	公共管理、社会保障和社会组织
2006	1.91	3.98	0.68	0.60	1.69	0.73	0.94	1.12	1.30	0.24	6.08	2.65	0.60	5.65
2007	1.58	3.74	0.70	0.62	1.63	0.64	0.90	1.06	1.26	0.21	5.75	2.50	0.55	5.35
2008	1.67	3.66	0.69	0.66	1.65	0.67	1.11	1.09	1.15	0.21	5.50	2.59	0.54	5.34
2009	1.73	3.23	0.67	0.61	1.56	0.73	0.86	1.08	1.06	0.23	5.14	2.43	0.55	5.01
2010	1.69	3.03	0.62	0.69	1.57	0.86	1.07	1.16	1.13	0.29	5.21	2.49	0.50	4.91
2011	2.07	3.18	0.69	0.80	1.70	1.08	1.21	1.28	1.25	0.28	5.23	2.63	0.50	4.82
2012	1.86	3.00	0.65	0.82	1.70	1.09	0.85	1.40	1.22	0.24	5.18	2.70	0.45	4.76
2013	2.38	3.33	0.70	1.10	1.68	1.20	1.14	1.45	1.22	0.24	5.11	2.85	0.49	4.66
2014	2.17	3.19	0.60	1.08	1.65	1.19	1.02	1.37	1.21	0.23	4.97	2.81	0.44	4.48
2015	2.21	3.27	0.60	1.17	1.75	1.16	1.00	1.40	1.30	0.23	5.16	2.92	0.45	4.83
2016	2.21	3.44	0.61	1.23	2.64	1.17	1.16	1.35	1.40	0.24	5.25	3.06	0.49	5.26

资料来源：根据wind数据库数据计算而得。

4. 新兴服务业所占比重上升，服务业质量有所提高

如表 4.2 所示，辽宁各细分服务行业增加值占服务业地区生产总值比重中，占比最高的是批发和零售业，十年间稳定维持在23%左右；2015 年资本和知识密集型的金融业逐步取代了交通运输、仓储和邮政业第二的位置，从 2006 年的 7.99%，上升到 2016 年的 15.59%；交通运输、仓储和邮政业由 2006 年的 15.07%，下降到 2016 年的 10.86%。辽宁省各细分服务业发展是参差不齐的，传统服务业比重依然维持在较高的水平，但有递减的趋势，而新兴服务业诸如金融业、房地产业、科技服务业等都有一定的上升趋势，其中金融业上升速度最快。

表 4.2　2006—2016 年辽宁省各服务行业占服务业生产总值比重　单位：%

	2006	2007	2008	2009	2010	2011	2012	2013	2014	2015	2016
交通运输、仓储及邮政业	15.07	14.84	14.10	13.42	13.53	14.01	13.71	12.66	12.45	12.86	10.86%
批发和零售业	24.21	24.04	24.15	23.94	24.11	24.03	23.16	21.87	22.19	22.42	24.62%
住宿和餐饮业	5.33	5.16	5.30	5.41	5.40	5.35	5.15	4.86	4.76	4.68	3.99%
金融业	7.99	8.61	8.74	9.51	9.33	9.26	10.25	11.33	12.40	14.12	15.95%
房地产业	8.39	9.15	9.62	10.27	10.71	10.74	11.10	10.80	9.58	8.83	9.05%
其他服务业	39.02	38.20	38.10	37.45	36.92	36.62	36.63	36.23	36.40	35.34	35.54%

资料来源：根据 wind 数据库数据计算而得。

（二）辽宁省服务业发展存在的问题

1. 服务业规模相对较小，影响了服务业质量的提升

近年来辽宁省服务业规模不断扩大，占生产总值的比重 2016 年也超过了 50%，成了辽宁的第一大产业。但是，辽宁省服务业所占比重与全国均值相比偏低，如图 4.4，2006—2016 年辽宁省服务业占国民生产总值比重一直位于全国均值下方，2017 年与全国的均值持平，但比重提升的原因，很大一部分在于辽宁第二产业的下滑所致，由此可见辽宁省服务业总量和

相对量都与全国均值有一定差距，更无法与服务业大省浙江和广东相比，赶超压力较大。

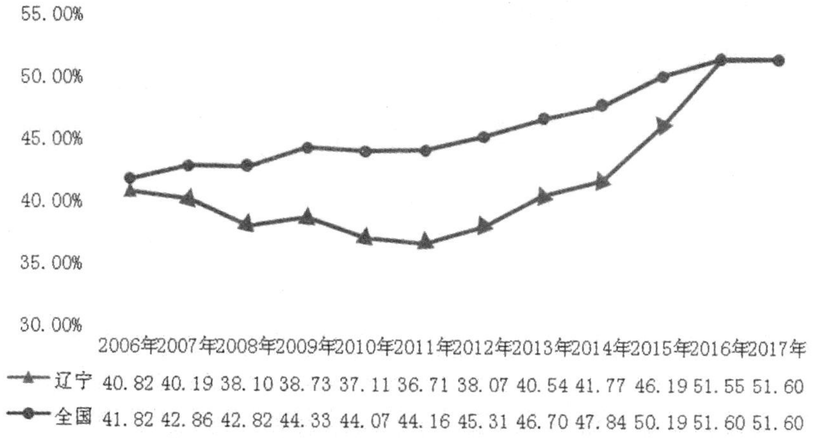

资料来源：根据 wind 数据库数据计算而得。

图 4.4　辽宁省与全国服务业产值占总生产总值的比重

从经济发展的历史来看，产业结构的演进具有一定的规律性。产业结构作为以往经济增长的结果和未来经济增长的基础，产业结构的变动主要表现为产业结构高级化的趋势，即产业结构从低级向高级演进，同时又要求在产业结构合理化的基础上，不断地推动地区经济的增长。从经合组织发展产业结构目前的状态来看，由表 4.3 可知，各国第三产业比重大部分达到了 70%，而我国的均值为 47.8%，辽宁仅有 41.77%，由此可见辽宁产业结构高级化程度不高，其体现为对资源的依赖程度较高，对科技的依赖程度相对偏低，即辽宁服务业质量不高，需进一步提升。

表 4.3　　　　2014 年 OCED 国家产业结构

国家	澳大利亚	奥地利	比利时	智利	捷克	丹麦	爱沙尼亚	芬兰	法国
第一产业比重	2.4%	1.4%	0.7%	3.3%	2.7%	1.4%	3.4%	2.8%	1.7%
第二产业比重	27.10%	28%	22.1%	35.1%	38%	22.5%	28.1%	26.5%	19.4%
第三产业比重	70.5%	70.6%	77.2%	61.5%	59.3%	76.2%	68.4%	70.6%	78.9%
国家	德国	希腊	匈牙利	冰岛	爱尔兰	以色列	意大利	日本	韩国
第一产业比重	0.7%	3.8%	4.5%	6.9%	1.6%	1.8%	2.2%	1.2%	2.3%

续表

国家	德国	希腊	匈牙利	冰岛	爱尔兰	以色列	意大利	日本	韩国
第二产业比重	30.3%	15.8%	31.2%	23.6%	25.6%	20%	23.5%	26.2%	38.2%
第三产业比重	69%	80.4%	64.4%	69.4%	72.8%	77%	74.3%	72.6%	59.4%

国家	卢森堡	墨西哥	荷兰	挪威	波兰	葡萄牙	斯洛伐克	斯洛文尼亚	西班牙
第一产业比重	0.3%	3.3%	1.8%	1.7%	3.4%	2.3%	4.4%	2.2%	2.5%
第二产业比重	11.9%	34.4%	21.2%	38.2%	32.6%	21.5%	33.6%	33.1%	22.4%
第三产业比重	87.8%	62.3%	77%	60.1%	64%	76.1%	62%	64.7%	75.1%

国家	瑞典	瑞士	土耳其	英国	印尼	俄罗斯	南非	中国
第一产业比重	1.4%	0.8%	8%	0.59%	13.4%	4.2%	2.5%	9.5%
第二产业比重	26%	26.3%	37.633%	27.1%	41.9%	35.8%	29.5%	42.7%
第三产业比重	72.6%	73%	54.836%	64.9%	42.2%	60%	68.1%	47.8%

2. 新兴服务业发展速度较慢，影响了服务业质量的提升

2016 年辽宁省各细分服务行业增加值占服务业地区生产总值比重中，占比较高的仍然是批发和零售业，交通运输、仓储和邮政业两项合计占比 35.48%，明显高于其他行业，这说明在辽宁服务业发展中传统产业仍占有主导地位。而金融、信息传输、计算机服务业和软件业、科学研究和技术服务业等新兴产业发展不足，严重影响了服务业质量的全面提升。

3. 服务业投资中新兴服务业占比偏低，投资结构不合理

当前辽宁省服务业的投资中，新兴服务业投资比重偏低。2015 年辽宁省城镇服务业新增固定资产投资中，传统服务业水利、环境和公共设施管理业投资占比 25%，房地产业投资占比 20%，交通运输及仓储和邮政业占比 16%，而新兴服务业科学研究、技术服务和软件业投资占比 4%，信息传输业、计算机服务业和软件开发业占 2%。如表 4.4 所示，辽宁省服务业投资主要集中在房地产、交通运输及仓储和邮政业，水利环境和公共设施管理业等传统行业，2016 年三项合计占比高达 78%。而信息传输及软件和信息技术服务业、金融业、科学研究和技术服务业三项新兴服务业的比重合计仅为 1.73%，由此可见，近年来辽宁省对新兴服务业投资力度偏弱，与传统服务业相比发展滞后。

表 4.4　　　　2006—2016 年辽宁省城镇新增固定资产投资

	交通运输、仓储和邮政业	信息传输、计算机服务和软件业	批发和零售业	住宿和餐饮业	金融业	房地产业	租赁和商务服务业	科学研究、技术服务和软件业	水利、环境和公共设施管理业	居民服务和其他服务业	教育	卫生、社会保障和社会服务业	文化、体育和娱乐业	公共管理和社会组织
2006	173.7	39.2	103.8	42.0	4.6	579.4	34.8	16.7	141.1	13.4	56.8	17.5	33.4	31.6
2007	248.5	31.4	143.2	57.1	9.3	655.2	39.3	31.8	268.7	24.6	70.5	27.4	28.3	33.7
2008	232.8	61.8	180	97.3	21.9	986.4	74.7	47.8	373.2	31.7	66.9	33.4	39	37.7
2009	405.9	86.5	322.9	126.1	21.6	1123.0	88.4	58.2	584.2	48.6	72.6	59.4	51.2	47.9
2010	410.9	95.9	188.3	108	12.5	1341.1	164.1	32.3	699.1	27.6	63.1	61.7	77.9	122.9
2011	441.1	58.1	255.9	129.4	50.4	2242.1	179.5	56.6	857.0	60.2	74.8	53.0	73.5	121
2012	550.5	97.5	472	238.3	36.7	2489.6	198.1	104.6	986.4	111.8	167.5	88.1	159.0	197.4
2013	942.4	84.1	593	391.9	128.6	2400.5	276.2	140.0	1214.3	137.3	167.9	115.0	262.3	188.3
2014	1249.3	151.2	845.4	330.4	64.3	2714.6	413.3	216.1	1658.0	178.2	202.3	103.6	189.9	170.0
2015	1166.7	181.0	910.5	296.9	39.2	1418.2	334.7	270.8	1816.3	129.1	176.2	137.2	197.9	119.2
2016	200.9	12.0	101.1	32.8	4.2	1067.1	37.1	18.4	307.1	27.7	29.7	23.6	39.7	123.9

资料来源：根据 wind 数据库数据计算而得。

4．服务业内部结构不均衡，整体劳动生产率水平不高

辽宁服务业行业各细分增加值占服务业增加值总值比重存在显著差别，呈现出以劳动密集型服务业为主体的形态特征，处于较低发展水平阶段。“第一产业→第二产业→服务业”的产业发展过程，是产业结构高级化的过程，也是社会劳动生产逐步提高的过程。如表 4.5 所示，2006 年以来辽宁省第一产业的比较劳动生产率在逐年降低，最后稳定在 29%左右；第二产业比较劳动生产率呈现出“倒 U 型”的发展形态，2011 年达到最大值 200.43%，随后有所下降，2015 年为 172.59%；第三产业呈现出“U 型”发展形态，从 2010 年达最低值后逐年攀升，2015 年达到 102.57%，但服务业的比较劳动生产率仍然低于第二产业。由此可见，在全国各省服务业劳动成产率普遍高于第二产业的情况下，辽宁省服务业比较劳动生产率偏低。这说明辽宁省服务业就业主要还是依赖传统服务业的低水平就业来实现，服务业高质量发展没有得到充分发挥。

表 4.5　　辽宁省比较劳动生产率　　单位：%

	2006	2007	2008	2009	2010	2011	2012	2013	2014	2015
第一产业比较劳动生产率	30.0	31.4	29.9	30.4	29.1	29.1	30.3	30.0	29.7	29.1
第二产业比较劳动生产率	177.0	180.1	190.3	191.1	195.3	200.4	198.2	178.5	181.2	172.6
服务业比较劳动生产率	105.7	100.3	93.8	91.8	88.4	85.1	85.6	91.9	92.0	102.6

5. 服务业就业缺乏高级服务业人才，制约了服务业质量的提升

辽宁各细分服务业就业人数占服务业就业总人数的比重存在显著差异，劳动密集型服务行业仍占主体。2006 年至 2016 年期间，服务业从业人员总数占比较大的行业为教育，公共管理、社会保障和社会组织，交通运输、仓储和邮政业，这些行业从业人员明显大于其他服务行业所占比重。劳动密集型服务业能够创造大量的就业岗位，吸纳较多的就业人员，这也与辽宁省服务业以劳动密集型服务业为主体的产业结构以及当地人力资源状况有关。金融业、信息传输、计算机服务业和软件业、科学研究和技术服务业等知识、资本和技术密集型服务行业从业人员的比重偏低，2016 年三类产业合计人数占服务业从业总人数的比为 5.22%，为历年来的最大值。辽宁省服务业从业人员素质普遍不高，而新兴服务业对从业人员的综合素质要求很高，这正是辽宁服务业质量提升过程中所缺乏的。因而，加快推动新兴服务业发展，提高劳动者素质，是保障服务业质量的关键因素。

6. 服务业区域发展不平衡，城乡差距大

辽宁省 14 个市服务业发展水平差异较大。从服务业增加值占 GDP 比重来看，最高的是大连市，2016 年达到 50.8%，超过了第二产业比重；其次是沈阳市和鞍山市，服务业比为 47.5%和 47%，接近 50%；再次是营口、葫芦岛、朝阳、丹东、抚顺、铁岭，其服务业比重在 40%～45%之间；最后是阜新、辽阳、盘锦，其服务业比重在 30%～40%之间。最高的大连市与最低的盘锦市之间相差 13.9 个百分点。整体来看，2016 年辽宁服务业发展水平偏低，各市服务业比重均在 30%以上，40%以上居多，与

第二产业产值也基本持平。但服务业区域发展不平衡，区域差异仍然较大，大连市、沈阳市是辽宁省服务业发展的两大引擎，借助了其特有的地理优势，服务业发展态势良好。其他地区仍要依托自身优势，加快工业化进程，向服务化城市靠近。

表 4.6　　2016 年辽宁各市区生产总值构成　　单位:%

	地区产值比重	第一产业比重	第二产业比重	服务业比重
沈阳	100	4.7	47.8	47.5
大连	100	5.9	43.3	50.8
鞍山	100	5.8	47.2	47
抚顺	100	8.1	48.9	43.1
本溪	100	5.8	51.4	42.8
丹东	100	15.9	40.9	43.2
锦州	100	15.9	42.9	41.2
营口	100	7.3	48	44.6
阜新	100	22.5	38.2	39.3
辽阳	100	7.1	55.3	37.7
盘锦	100	9.6	53.5	36.9
铁岭	100	27.7	31.8	40.5
朝阳	100	25.8	30.4	43.8
葫芦岛	100	14.5	41.1	44.4

7. 生产性服务业发展的速度较慢，对制造业的支持不足

辽宁服务业从生产性服务业和生活性服务业的划分来看，虽然生产性服务业呈缓幅增长趋势，但生活性服务业仍然是带动服务业增长的主要力量。从产业结构高级化的情况来看，生产性服务业参与竞争主要依赖资源的成本和价格优势，体现服务业核心竞争力的生产性服务业占服务业总量比重偏低。产品开发、技术进步和产业升级的速度较慢，高端服务也主要围绕产品生产进行，涉及面较窄，缺乏行业竞争力。

辽宁服务业与城市发展衔接度不高，生产性服务业对加工制造业支持不足。一方面，服务业的发展与城市总体经济发展和结构演进缺乏有效的衔接机制，产业布局、项目建设等没有体现资源优化配置，同质化竞争问

题突出，衔接度不高；另一方面，生产性服务业发展滞后于加工制造业发展，供给能力和服务功能不能满足加工制造业发展需要与制造业企业辅助业务向社会释放不够，市场需求动力不足冲突并存，融合度不够。

（三）辽宁省各细分服务业与全国主要省市的比较分析

1. 辽宁省第三产业法人单数数量偏低

从辽宁省与各主要省市第三产业法人单位数的比较来看，2016 年辽宁省第三产业法人单位数的绝对值位 435068 个，在全国排名在第 11 位，与第 10 位的安徽 452152 个，差距较小，但与排在 12、13 位的湖南和四川比较，差距也不大；从相对值所占比重来看，辽宁第三产业法人单位数占比 77.7%，在全国排名 13 位，但是高于全国平均水平。因此，通过省市间的比较，辽宁需要继续优化营商环境，吸引更多的服务业企业入户辽宁。

表 4.7　　各主要省市第三产业法人单位数及所占比重

地区	全部法人单位数（个）	第三产业	比重（%）
全　国	**18191382**	**12974678**	**71.3**
北　京	711166	646874	91.0
天　津	391323	303998	77.7
河　北	785259	524464	66.8
辽　宁	596474	435068	72.9
江　苏	1907732	1279916	67.1
浙　江	1497165	951472	63.6
安　徽	651253	452152	69.4
福　建	751748	532297	70.8
山　东	1652065	1189066	72.0
河　南	816779	620138	75.9
湖　北	783356	576338	73.6
湖　南	552659	420047	76.0
广　东	1521420	1043763	68.6
四　川	542897	407564	75.1

资料来源：根据 wind 数据库数据计算而得。

2. 辽宁省第三产业分行业增加值差距较大，优势产业在全国排名不

突出

从辽宁省第三产业增加值的绝对值来看，2016 年 11467.3 亿元，在全国排名 13 位，与 12 位的福建 12353 亿元差距较小。再从细分服务业来看，辽宁批发零售业增加值 2822.87 亿元，绝对值在全国排名第 7 位，辽宁交通运输、仓储和邮政业增加值 1245.27 亿元，绝对值在全国排名 11 位，辽宁住宿和餐饮业增加值 457 亿元，绝对值在全国排名 10 位，辽宁金融业增加值 1829.22 亿元，绝对值在全国排名 11 位；辽宁房地产增加值 1037.33 亿元，绝对值在全国排名 13 位。由此可见，辽宁在批发零售业上具有相对优势，但是优势不明显，与排在第一位的山东 9044.94 亿元差距较大。

表 4.8　2016 年各省（直辖市、自治区）第三产业分行业增加值情况

地　区	第三产业	批发和零售业	交通运输、仓储和邮政业	住宿和餐饮业	金融业	房地产业	其他
广　东	42050.88	8382.48	3209.72	1569.37	6127.05	6229.5	16532.76
江　苏	38691.6	7470.26	2837.15	1291.32	6011.12	4292.78	16788.94
山　东	31751.69	9044.94	2725.40	1440.16	3364.56	2773.29	12403.32
浙　江	24091.57	5754.19	1774.37	1119	3050.61	2607	9786.4
北　京	20594.9	2372.89	1060.97	399.35	4270.82	1672.68	10818.19
上　海	19662.9	4119.59	1237.32	388.98	4765.83	2125.62	7025.56
河　南	16909.76	2987.25	1938.06	1110.87	2256.61	1890.01	6726.96
四　川	15556.29	2138.45	1472.57	941.28	2729.45	1516.61	6757.93
湖　南	14631.83	2487.8	1356.56	666.12	1272.71	879.62	7969.02
湖　北	14351.67	2485.05	1297.48	748.61	2318.87	1291.35	6210.304
河　北	13320.71	2536.85	2369.27	440.39	1731.23	1488.42	4754.55
福　建	12353.89	2204.6	1689.82	421.51	1866.17	1269.67	4902.12
辽　宁	11467.3	2822.87	1245.27	457	1829.22	1037.33	4075.61
天　津	10093.82	2256.54	725.31	292.11	1793.57	805.92	4220.37
安　徽	10018.32	1775.87	826.895	458.016	1447.02	1124.065	4386.454
重　庆	8538.43	1470.85	848.22	391.19	1642.59	926.19	3259.39
黑龙江	8314.94	1795.83	758.01	522.56	900.84	616.9	3720.8
陕　西	8215.02	1604.4	771.76	457.63	1181.53	747.17	3452.51

资料来源：根据 wind 数据库数据计算而得。

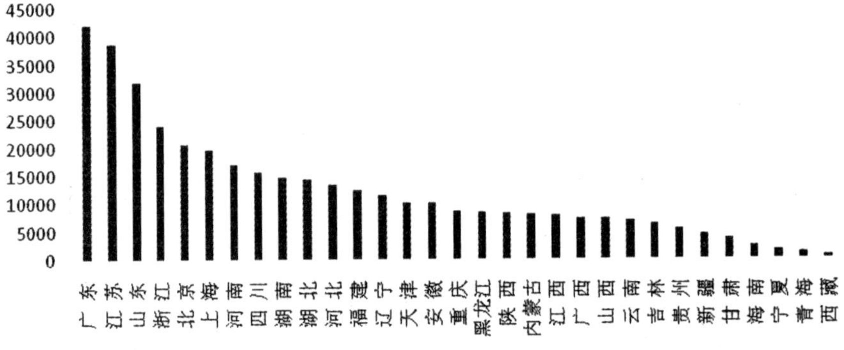

资料来源：根据 wind 数据库数据计算而得。

图 4.5　2016 年各地区第三产业增加值

3. 辽宁省研发与试验发展（R&D）经费内部支出严重不足

2016 年辽宁省研发与试验发展经费内部支出情况，如表 4.9 所示，经费内部支出总额 372.7 亿元，绝对值排名在全国 16 位，与排在第一名的广东相比，不到其五分之一；从相对值来看，支出占地区生产总值的比重为 1.69%，低于全国平均水平 2.11%，与北京占比 5.96%的水平相差较远。由此可见，辽宁服务业研究与试验发展经费内部支出严重不足，这进一步制约了辽宁省服务业质量的提升。

表 4.9　各省(直辖市、自治区)研究与试验发展(R&D)经费内部支出　单位：亿元

地　区	R&D 经费内部支出	基础研究	应用研究	试验发展	R&D 经费内部支出与国内(地区)生产总值之比
全　国	15676.75	822.89	1610.49	13243.36	2.11
广　东	2035.14	86.02	164.50	1784.62	2.56
江　苏	2026.87	51.96	115.28	1859.63	2.66
山　东	1566.09	36.44	89.78	1439.87	2.34

续表

地区	R&D经费内部支出	基础研究	应用研究	试验发展	R&D经费内部支出与国内（地区）生产总值之比
北京	1484.58	211.17	348.06	925.34	5.96
浙江	1130.63	32.06	41.80	1056.77	2.43
上海	1049.32	77.63	131.13	840.56	3.82
湖北	600.04	25.86	73.89	500.29	1.86
四川	561.42	31.17	71.04	459.21	1.72
天津	537.32	30.27	59.44	447.61	3
河南	494.19	10.76	29.49	453.94	1.23
安徽	475.13	27.20	31.92	41.60	1.97
湖南	468.84	13.10	49.37	406.37	1.5
福建	454.29	11.83	29.96	412.49	1.59
陕西	419.56	22.35	78.23	318.97	2.19
河北	383.43	8.08	33.39	341.95	1.2
辽宁	372.72	23.76	64.77	284.19	1.69
重庆	302.18	12.77	29.31	260.10	1.72
江西	207.31	4.68	11.05	191.58	1.13

资料来源：根据wind数据库数据计算而得。

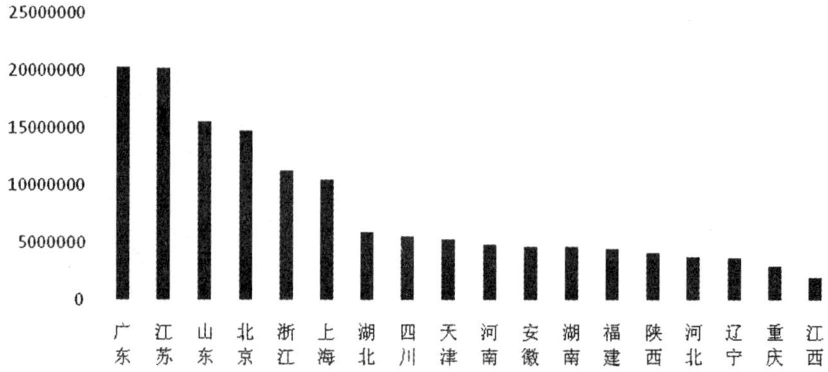

资料来源：根据 wind 数据库数据计算而得。

图 4.6　2016 年各省（直辖市、自治区）研究与试验发展（R&D）经费内部支出

4. 辽宁省服务业发展简评

通过以上对辽宁省服务业现状和存在问题分析可知，辽宁服务业年均增速高于 GDP 增速，增长态势良好；三产比重逐步优化，服务业在国民经济中所占比重已超过第二产业，已经成为吸纳就业的主要渠道；新兴服务业所占比重略有上升，使服务业质量有所提高。但是，从辽宁服务业发展与全国均值和 OECD 国家的比较来看，服务业总量规模仍然偏小；新兴服务业发展速度较慢；服务业投资结构不合理，新兴服务业投资偏低；服务业就业缺乏高层次人才；服务业发展区域不平衡，城乡差距大；生产性服务业发展速度较慢，对制造业支持力度不足。以上这些问题的存在，严重制约了辽宁服务业质量的提升。因此，通过本课题的研究，深入分析影响辽宁服务业质量的各项要素，从而制定和实施相应的政策措施，推动服务业质量的进一步提升，带动辽宁服务业的全面发展。

三、基于全要素生产率的辽宁省服务业质量评价

选用 DEA－Malmquist 指数法，通过 DEAP 软件进行数据处理，效率的计算按照 CCR 模型，采用的是产出导向模型，并在按照规模报酬不变计算，因为选择规模报酬不变，才能够得到综合技术效率。

由于所用的数据存在时间上的差异，因而设定规模报酬可变前提，对

2006—2015 年辽宁省服务业的全要素生产率进行测算。

（一）数据来源与处理

1. 变量选择

（1）投入变量

投入变量为劳动力投入（X_1）和资本投入（X_2）两个变量。劳动力投入用到的数据是辽宁省 14 个地市 2006—2015 年年末服务业就业人数，单位为万人。资本投入用到的数据是辽宁省 2006—2015 年各市的服务业资本存量。根据辽宁省各市服务业固定资产投资的数据，采用永续盘存法，估算辽宁省各市服务业的资本存量，均为用固定资产投资指数进行平减，剔除价格因素之后的实际水平，于基期服务业资本存量则使用永续盘存法估算。本研究用 2006 年作为基期，确定初始服务业资本存量，则有 $k_{2006}=\frac{I_{2006}}{g+\delta}$，式中，$k_{2006}$ 是 2006 年辽宁省各市服务业的资本存量，I_{2006} 是 2006 年各市的服务业固定资产投资，δ 为折旧率，选择郭庆旺、贾俊雪的标准 5%，g 是 2006—2015 年辽宁省各市服务业资本存量的年平均增长率；以此来推算出每年的服务业资本存量水平，计算公式为：

$$k_t = k_{t-1}(1-\delta_t) + I_t$$

（2）产出变量

产出变量（Y）选择的是辽宁省 14 个地市 2006—2015 年服务业增加值，并通过第三产业增加值指数进行平减，以 2006 年为基期，单位为亿元。

2. 数据来源

数据来源于《辽宁省统计年鉴（2007—2016）》《中国第三产业统计年鉴》《中国城市统计年鉴》以及辽宁省各地市的统计数据，经过整理得到。

（二）实证结果数据

通过对数据的分析，得到了辽宁省 14 地市服务业全要素生产率及各分解指数的实证结果，见表 4.10、4.11、4.12。

表 4.10　2006—2015 年辽宁省 14 个地市服务业技术效率变化指数

NO	DMU	Efficiency Change (2006 to 2007)	Efficiency Change (2007 to 2008)	Efficiency Change (2008 to 2009)	Efficiency Change (2009 to 2010)	Efficiency Change (2010 to 2011)	Efficiency Change (2011 to 2012)	Efficiency Change (2012 to 2013)	Efficiency Change (2013 to 2014)	Efficiency Change (2014 to 2015)	Efficiency Change (2006 to 2007)
1	鞍山	1	1	1	1	1	1	1	1	1	1
2	本溪	0.96	0.95	1.28	1.03	1.01	1.12	0.99	1.09	1.02	0.96
3	朝阳	1.00	1.13	1.42	1.15	1.17	1.20	1.01	1.25	0.97	1.00
4	大连	0.96	0.95	1.32	0.75	0.94	1.19	1.00	0.99	1.30	0.96
5	丹东	0.97	0.88	1.53	0.62	1.16	1.22	1.01	1.04	0.98	0.97
6	抚顺	0.99	1.09	1.11	1.03	1.09	1.23	1.11	1.12	1.01	0.99
7	阜新	1.42	1.25	1.48	1.09	1.06	1.12	0.91	1.08	0.91	1.42
8	葫芦岛	1.06	1.16	1.25	0.98	1.09	1.06	0.94	1.03	1.02	1.06
9	锦州	1.12	1.24	1.18	0.78	1.10	1.13	1.02	1.07	0.95	1.12
10	辽阳	0.92	1.08	1.17	1.10	1.06	1.18	1.02	1.10	1.00	0.92
11	盘锦	0.92	0.93	1.51	0.93	1.01	1.04	0.98	1.33	0.95	0.92
12	沈阳	1.00	1.00	1.00	0.85	1.00	1.15	0.97	1.05	0.81	1.00
13	铁岭	1.03	1.03	1.29	0.86	1.18	1.29	1.00	1.07	0.93	1.03
14	营口	0.70	0.89	1.93	0.60	1.20	1.26	1.12	1.19	0.96	0.70

表 4.11　2006—2915 年辽宁省 14 个地市服务业技术变化指数

NO	DMU	Technological Change (2006 to 2007)	Technological Change (2007 to 2008)	Technological Change (2008 to 2009)	Technological Change (2009 to 2010)	Technological Change (2010 to 2011)	Technological Change (2011 to 2012)	Technological Change (2012 to 2013)	Technological Change (2013 to 2014)	Technological Change (2014 to 2015)
1	鞍山	0.81	0.91	0.77	0.91	0.93	0.82	0.93	0.87	1.01
2	本溪	0.81	0.92	0.74	0.84	0.87	0.78	0.90	0.87	0.99
3	朝阳	0.66	0.71	0.62	0.77	0.78	0.72	0.82	0.80	0.99
4	大连	1.16	1.19	1.24	0.91	1.12	0.93	1.05	0.96	1.23
5	丹东	0.89	1.02	0.85	1.06	0.86	0.76	0.85	0.82	0.96

续表

NO	DMU	Technological Change (2006 to 2007)	Technological Change (2007 to 2008)	Technological Change (2008 to 2009)	Technological Change (2009 to 2010)	Technological Change (2010 to 2011)	Technological Change (2011 to 2012)	Technological Change (2012 to 2013)	Technological Change (2013 to 2014)	Technological Change (2014 to 2015)
6	抚顺	1.12	1.08	0.89	0.92	0.82	0.72	0.82	0.80	0.99
7	阜新	0.64	0.68	0.57	0.77	0.78	0.72	0.82	0.80	0.99
8	葫芦岛	0.81	0.73	0.67	0.77	0.78	0.72	0.82	0.80	0.99
9	锦州	0.61	0.68	0.66	0.77	0.78	0.72	0.82	0.80	0.99
10	辽阳	0.78	0.84	0.71	0.78	0.78	0.72	0.82	0.80	0.99
11	盘锦	0.85	0.85	0.72	0.90	0.99	0.86	0.92	0.83	1.02
12	沈阳	1.17	1.18	1.49	0.77	1.12	0.93	1.05	0.98	1.29
13	铁岭	0.75	0.78	0.78	0.82	0.78	0.72	0.82	0.80	0.99
14	营口	1.18	1.02	0.81	1.07	0.84	0.73	0.82	0.80	0.99

表 4.12　2007—2015 年辽宁省服务业 14 个地市全要素生产效率指数

NO	DMU	Malmquist Index (2006 to 2007)	Malmquist Index (2007 to 2008)	Malmquist Index (2008 to 2009)	Malmquist Index (2009 to 2010)	Malmquist Index (2010 to 2011)	Malmquist Index (2011 to 2012)	Malmquist Index (2012 to 2013)	Malmquist Index (2013 to 2014)	Malmquist Index (2014 to 2015)
1	鞍山	0.81	0.91	0.77	0.91	0.93	0.82	0.93	0.87	1.01
2	本溪	0.77	0.88	0.95	0.87	0.88	0.88	0.89	0.95	1.01
3	朝阳	0.66	0.80	0.88	0.88	0.91	0.86	0.83	1.00	0.95
4	大连	1.12	1.13	1.64	0.69	1.05	1.10	1.05	0.95	1.59
5	丹东	0.86	0.90	1.30	0.66	1.00	0.93	0.86	0.85	0.94
6	抚顺	1.11	1.18	0.98	0.95	0.89	0.89	0.91	0.90	1.00
7	阜新	0.90	0.85	0.84	0.84	0.83	0.80	0.75	0.87	0.89

续表

NO	DMU	Malmquist Index (2006 to 2007)	Malmquist Index (2007 to 2008)	Malmquist Index (2008 to 2009)	Malmquist Index (2009 to 2010)	Malmquist Index (2010 to 2011)	Malmquist Index (2011 to 2012)	Malmquist Index (2012 to 2013)	Malmquist Index (2013 to 2014)	Malmquist Index (2014 to 2015)
8	葫芦岛	0.86	0.84	0.83	0.75	0.85	0.76	0.77	0.82	1.00
9	锦州	0.69	0.84	0.79	0.60	0.86	0.81	0.83	0.86	0.93
10	辽阳	0.71	0.91	0.83	0.86	0.82	0.84	0.84	0.88	0.99
11	盘锦	0.78	0.79	1.09	0.84	1.00	0.89	0.90	1.11	0.97
12	沈阳	1.17	1.18	1.49	0.65	1.12	1.07	1.02	1.03	1.04
13	铁岭	0.77	0.81	1.01	0.71	0.92	0.93	0.82	0.86	0.92
14	营口	0.82	0.91	1.57	0.64	1.01	0.92	0.91	0.95	0.95

（三）实证结果分析

根据2006—2015年辽宁省14个地市的统计数据，通过DEA分析，列出了经过计算后的2006—2015辽宁省服务业全要素生产率的平均值指标。

表4.13　2006—2015年辽宁省服务业全要素生产率及各分解指数的实证结果

	技术效率变化指数	技术进步指数	Malmquist指数
2006—2007	1.002681571	0.874111071	0.859992143
2007—2008	1.041926643	0.899960357	0.923986214
2008—2009	1.320255929	0.823116429	1.069970357
2009—2010	0.912392786	0.861460643	0.774318714
2010—2011	1.076439286	0.872624357	0.932931429
2011—2012	1.156381071	0.773803429	0.893026357
2012—2013	1.005890643	0.874720286	0.878956643
2013—2014	1.100464857	0.839653143	0.922007929
2014—2015	0.985413857	1.0277365	1.014249286

1. 辽宁省服务业全要素生产率普遍不高，呈波动缓升态势

辽宁省服务业全要素生产率普遍不高，从图 4.7 可以看出，辽宁省的服务业全要素生产率值呈现出波动缓升的态势，其中 2008－2009 年和 2014－2015 年的 Malmquist 指数值大于 1，其他各年均小于 1。在全国大部分省份全要素生产率大于 1 的情况下，这进一步证明了辽宁省服务业全要素生产效率偏低，只有两年的效率具有正向化作用。

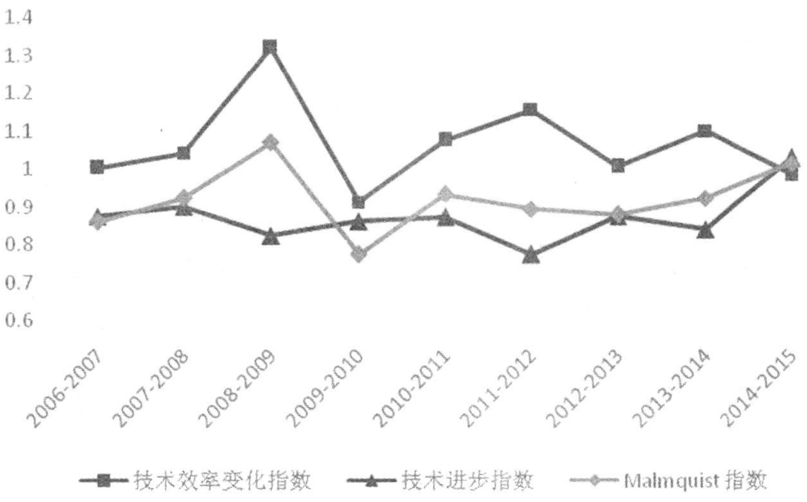

图 4.7　2006－2015 年辽宁省服务业全要素生产率及其分解指标变化

2. 技术进步与技术效率影响辽宁省全要素生产率（TFP）均值

辽宁省全要素生产率受到技术效率和技术进步的共同影响。其中，技术进步对辽宁省全要素生产率的增长起到较明显的促进作用，全要素生产率（TFP）变化与技术进步指数的变化趋势基本一致；而技术效率变化趋势较为平缓，其对服务业全要素生产率增长的影响也逐渐扩大，在这十年间，除了 2009－2010 年有较大波动外，其余年份都处于较为平稳的状态。2009－2010 年间，辽宁服务业全要素生产率最低，只有 0.77%，技术效率变化指数与技术进步指数也均小于 1，说明全要素生产率受到了技术效率和技术进步条件的共同制约。随后，辽宁省服务业全要素生产率呈现出波动上升的态势，2014－2015 年大于 1，这说明近年来辽宁省通过各种政策措施加快服务业发展，不同程度上提高了技术效率，促进了技术进步，使

服务业质量有了一定的提升。

3. 分地市来看，沈阳、大连地区服务业全要素生产率高于辽宁其他地区

2006—2015 年间辽宁省 14 个城市中，只有大连和沈阳服务业全要素生产率均值大于 1，其他城市均小于 1。其中，大连市的全要素生产率均值位于第一位，全要素生产率为 1.147，这说明在现有技术条件下，所有投入要素获得了最大产出，带动了服务业全要素生产率的提高。沈阳服务业全要素生产率均值位于第二位，但是技术效率在 14 个市中是唯一一个小于 1 的，由此可见，沈阳市全要素生产率的提升，主要得益于技术的进步；锦州服务业全要素生产率在 14 个市中最低，只有 0.8，而其技术效率变化指数与其他城市差距不大，技术进步指数却远远落后于其他城市，可见是技术进步限制了锦州市服务业全要素生产率的提升。

表 4.14　辽宁省 14 个地市服务业全要素生产率及其指标变化

DMU	技术效率变化指数	技术进步指数	Malmquist 指数
大连	1.044486667	1.088636556	1.147629667
沈阳	0.981342	1.107873	1.085498
抚顺	1.086907889	0.906206556	0.978305778
营口	1.093215222	0.918093889	0.965397111
盘锦	1.066279444	0.882099889	0.929386444
丹东	1.045517222	0.897403778	0.922035444
本溪	1.051253556	0.858047667	0.897594222
鞍山	1	0.884482111	0.884482111
DMU	技术效率变化指数	技术进步指数	Malmquist 指数
朝阳	1.143655556	0.762791778	0.864671222
铁岭	1.075582556	0.803939778	0.858695889
辽阳	1.069344222	0.801940778	0.854371667
阜新	1.147681778	0.750360222	0.841340222
葫芦岛	1.065475111	0.786636111	0.833751111
锦州	1.065464667	0.758222	0.800413

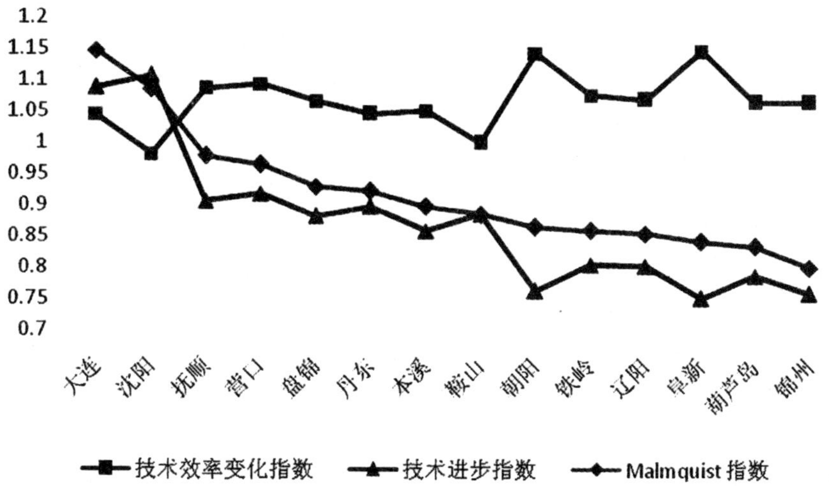

图 4.8 辽宁省 14 个地市服务业全要素生产率及其分解指标变化

4. 分地市来看，沿海经济带全要素生产率增速高于辽宁其他地区

辽宁省大部分城市的服务业全要素生产率均呈波动式缓升态势，服务业全要素生产率增长主要得益于技术进步。由表 4.15 可知，增长较快的是大连，年均增速达到了 12.4%，是技术进步和技术效率提高共同作用的结果；相比之下出现负增长的城市只有抚顺，其技术效率大于 1，技术进步效率小于 1，可见技术的落后和停滞导致了服务业全要素生产率值呈现出负增长，因此抚顺服务业 TFP 的下降是由于技术衰退导致的。

表 4.15 辽宁 14 个地市全要素生产率增速与服务业增加值增速排名

DMU	TFP 年均增速	增速排名	服务业增加值增速	增速排名
大连	0.12362	1	0.148974484	5
营口	0.095627	2	0.174000429	3
丹东	0.057786	3	0.118766666	12
锦州	0.055709	4	0.132801471	9
朝阳	0.051722	5	0.180244799	2
辽阳	0.046371	6	0.139857525	6
盘锦	0.04502	7	0.215768835	1
沈阳	0.04399	8	0.121314536	11

续表

DMU	TFP 年均增速	增速排名	服务业增加值增速	增速排名
铁岭	0.039449	9	0.126468511	10
本溪	0.035726	10	0.159507095	4
鞍山	0.035422	11	0.106953831	13
葫芦岛	0.024395	12	0.104931142	14
阜新	0.000566	13	0.138474736	7
抚顺	−0.01022	14	0.133066564	8

5. 服务业增长质量与服务业增长速度的相互影响作用

(1) 服务业增长质量水平落后于服务业增长速度的地市

服务业增长质量落后于服务业增长速度，表现为服务业全要素生产率增长落后于服务业增加值增长，这一类型的地市有盘锦、朝阳、本溪、阜新和抚顺。这些城市大多数属于经济欠发达的地区，这与其自身的发展模式有关，产业发展的可持续性较差。针对这类地市，应在提高对现有技术条件的利用效率下，加大对新技术的引用和开发，增强自主创新能力，强化技术进步的作用，加快新兴服务业的发展，提高服务业增长质量。

(2) 服务业增长质量水平高于服务业增长速度的地市

服务业增长质量水平高于服务业增长速度，表现为服务业增加值增长落后于服务业全要素生产率增长，归为这一类的城市有大连、丹东、锦州、沈阳和葫芦岛。这些地市也有着共同的特点，大连、沈阳经济发展基础较好且发展时间长，产业结构和产业发展模式也较为成熟，在辽宁省属于较为成熟的经济发达地市，但近几年的服务业发展速度有所放缓，说明其可能关注到服务业增长过程中的质量问题，开始调整增速与质量的关系。而丹东、葫芦岛和锦州具有其自身特色的旅游资源，相应的服务业产值比重则会高一点，近年来技术进步指数和技术效率指数都有较大的提高，故其服务业全要素生产率增长较好。

(3) 服务业增长质量水平与服务业增长速度较为一致的地市

服务业增长质量水平与增长速度较为一致的地市，表现为服务业全要素生产率增长与服务业增加值增长基本一致。这一类地市包括辽阳、营口、鞍山和铁岭。这类地市的特点是，具有结合本地区自然条件及地域特色的发展模式，投入和产出相对均衡，资源要素得以合理使用。未来应当进一步强化技术进步的作用，提高技术效率水平。

总的来说，在基于全要素生产率的视角下，辽宁省服务业质量处于缓慢上升的阶段，服务业全要素生产率呈现出上下波动的态势，整体服务业质量水平并不高，且各地市间服务业发展差异性较大。尤其是在经济发达的沈阳地区，服务业全要素生产率的增长速度甚至低于其他经济区。这就警示我们在追求服务业增长的同时更要注重质量的发展，加强技术进步的作用，而不能仅仅依靠要素投入的增长，还要提高要素使用效率，加强质量建设。

四、基于熵权 TOPSIS 的辽宁省服务业质量综合评价

（一）评价指标体系的构建

服务业质量包括服务业质量提升的过程和结果两个方面。服务业质量提升的过程主要体现在效率的提高、结构的优化和平稳性的增强；结果主要体现在福利水平的提高和外部环境的改善。根据质量的定义，从过程和结果两个方面评价服务业质量，结合服务业效率、服务业结构、服务业平稳性、服务业福利水平和服务业外部环境五个维度去构建各自的基础指标。服务业质量的评价本身是一个高度复杂的问题，其涉及的不确定因素难以衡量，因而服务业质量评价指标体系力求能在总体上对辽宁省服务业质量进行评价，当然由于各种主观和客观的局限性，其中不可避免也会存在一些缺陷，如表 4.16 所示。

在服务业质量分析模型构建的基础上，采用熵权 TOPSIS 方法来测算 2006—2015 年辽宁服务业质量指数中各基础指标以及分项指标的权重，并进而求得服务业质量总数，所用数据均来自于《辽宁省统计年鉴（2005—2016）》《中国城统计年鉴》《中国第三产业统计年鉴》及辽宁各地级市统计年鉴，数据来源真实可靠。本研究共选取 20 个指标作为基础指标，每个指标都经过一定的计算得出，时间跨度为 10 年，来探讨辽宁省服务业质量状况。

表 4.16　　服务业质量评估体系

分类	指标属性	指标属性		指标测算
		正向	逆向	
效率指标	服务业全要素生产（X_1）	√		根据 DEA 估算
	服务业资本产出率（X_2）	√		服务业增加值/服务业资本存量净值
	服务业劳动生产率（X_3）	√		服务业增加值/服务业劳动投入
	服务业生产效率（X_4）	√		服务业增加值比重、服务业就业比重
结构指标	服务业增加值占比（X_5）	√		服务业增加值/GDP
	产业高级化指数（X_6）	√		第三产业产值比重/第二产业产值比重
	新兴服务业比重（X_7）	√		新兴服务业增加值/服务业增加值
	服务业就业比重（X_8）	√		服务业就业总人数/全社会从业人数
平稳指标	服务业产出波动率（X_9）		√	利用服务增加值增长率估算
	服务业价格波动率（X_{10}）		√	服务业增加值/按不变价格计算的服务业增加值
	服务业就业波动率（X_{11}）		√	服务业就业人数增长率边度幅度
福利指标	人均服务业占有量（X_{12}）	√		服务业增加值/总人口
	服务业从业人员平均劳动报酬（X_{13}）	√		
	服务业就业人数（X_{14}）	√		服务业从业人员数
	公共服务性质人均财政支出（X_{15}）	√		各项相关的政府财政支出之和/人口

续表

分类	指标属性	指标属性		指标测算
		正向	逆向	
环境指标	城市化水平（X_{16}）	√		非农业人口/城市年末总人口
	外贸依存度（X_{17}）	√		服务贸易总额/地区生产总值
	服务业能源消费量（X_{18}）		√	
	高等教育人数（X_{19}）	√		
	研发（R&D）费用（X_{20}）	√		

（二）基础指标与指数权重的确定

在进行测算服务业质量指数之前，首先需要对不同属性、不同量纲量级的指标进行一定的变换与处理，若对不同性质指标直接加总，则无法反映不同作用力的综合结果。因此，对于逆指标，采用取倒数的方法，同向化所有指标对服务业质量的作用力；对于量纲、量级问题，采用极差标准化方法对原始指标进行无量纲化处理，通过熵值法求得各基础指标和方面指数的权重，如表 4.17、4.18 所示。

在辽宁服务业质量指标评估体系中，福利水平指标与外部环境指标的权重加起来有 48.2%的比重，这意味着 2006—2015 年辽宁省服务业质量的变化更多体现在福利水平的提高和外部环境的改善上。服务业效率指标占 20.6%，服务业结构指标占 16.8%，两者对于辽宁服务业质量的提高有着不同程度的贡献。而服务业的平稳性指标权重仅 14.4%，说明辽宁省服务业增长的平稳性仍需要进一步调整和改善，从而更好地促进服务业可持续发展，带来更有质量的服务业增长。

表 4.17　　　　基础指标权重的确定

基础指标	基础指标权重	基础指标	基础指标权重
服务业全要素生产率（X_1）	0.036	服务业增加值占比（X_5）	0.043
服务业资本产出率（X_2）	0.069	产业高级化指数（X_6）	0.042
服务业劳动生产率（X_3）	0.049	现代服务业比重（X_7）	0.04
服务业生产效率（X_4）	0.052	服务业就业比重（X_8）	0.043

续表

基础指标	基础指标权重	基础指标	基础指标权重
服务业产出波动率（X_9）	0.047	公共服务性质人均财政支出（X_{15}）	0.049
服务业价格波动率（X_{10}）	0.056	城市化水平（X_{16}）	0.068
服务业就业波动率（X_{11}）	0.041	外贸依存度（X_{17}）	0.043
人均服务业占有量（X_{12}）	0.054	服务业能源消费量（X_{18}）	0.064
服务业从业人员平均劳动报酬(X_{13})	0.06	高等教育人数（X_{19}）	0.046
服务业就业人数（X_{14}）	0.045	研发（R&D）费用（X_{20}）	0.053

表 4.18　　质量指数、质量权重的确定

质量指数	质量权重
服务业效率指标	0.206
服务业结构指标	0.168
服务业平稳性指标	0.144
服务业福利水平指标	0.208
服务业部环境指标	0.274

（三）辽宁省服务业质量的变动分析

利用熵值法计算出的基础指标权重用于改进的 TOPSIS 模型中，从而测度服务业质量指数以及各方面指数，评价辽宁省 2006—2015 年服务业质量，从低层次到高层次反复运用 TOPSIS 方法，可以得到辽宁省服务业质量指数测评结果，如表 4.19 所示。已知 $0\leqslant C_i$ 为评价指数)，且 C_i 越大，表明服务业质量越高。

1. 辽宁省服务业增长质量呈阶段性发展特征

根据表 4.19 辽宁省服务质量综合测评结果可以看出，2006 年以来辽宁省服务业质量总体上呈现波动上升的态势，服务业质量综合指数由 2006 年的 0.33 上升到 2015 年的 0.58，提升幅度明显，但是 2008 年服务业质量综合指数骤然下降，达到低谷值为 0.288。2009 年以后服务业质量综合指数波动上升，2015 年达到最大值。服务业质量综合指数的变动是五大维度方面指数合成作用的结果，所以可从五个方面的指数与服务业质量综合指数变动趋势的相对关系来进行服务业质量的变动分析，如图 4.9 所示。

表 4.19　　2006—2015 年辽宁省服务业质量指数测评结果

	效率指数 C_1	结构指数 C_2	稳定性指数 C_3	福利水平指数 C_4	外部环境指数 C_5	服务业质量综合指数 C_i
2006	0.368223	0.493982	0.420465	0.456	0.338787	0.3312278
2007	0.46796	0.494597	0.415778	0.538393	0.347445	0.336964386
2008	0.470599	0.500546	0.421901	0.500831	0.34815	0.288649339
2009	0.467602	0.484056	0.519317	0.459208	0.386571	0.401595854
2010	0.508627	0.49279	0.449805	0.501376	0.575455	0.462904081
2011	0.540776	0.468885	0.455469	0.426679	0.612917	0.479080635
2012	0.440166	0.474175	0.506902	0.572118	0.518863	0.426457986
2013	0.478872	0.516869	0.556204	0.423576	0.527663	0.457381836
2014	0.416707	0.464288	0.417619	0.453001	0.494123	0.440546242
2015	0.478521	0.476661	0.571075	0.552856	0.541621	0.57834472

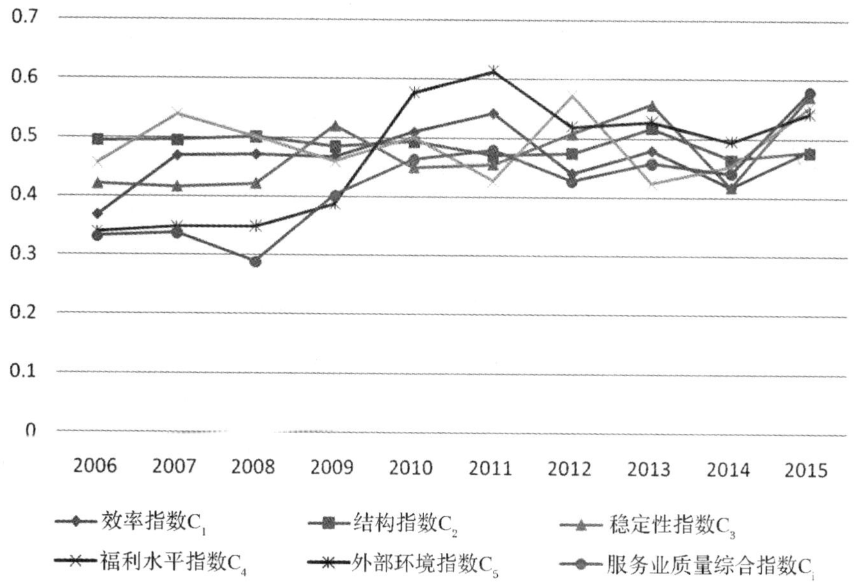

图 4.9　2006—2015 年辽宁省服务业质量指数测评结果

2006年以来，辽宁服务业质量发展情况可以分为三个阶段，第一阶段是2006—2008年，此阶段中辽宁省服务业质量综合指数偏低，小于0.4，尤其是2007年到2008年，服务业质量出现了明显的下滑，最低值为2008年的0.288，此阶段辽宁乃至全国都在面临全球性金融危机，服务业质量五大方面均出现不同程度下滑。第二阶段是2009—2014年，服务业质量波动上升，综合指数在0.4～0.5之间，最高值出现在2011年的0.479，这一阶段辽宁和全国正在着力于第三产业改革，服务业相关制度逐步完善，服务业质量波动上升。第三阶段为2015年以后，2015年服务业质量综合指数达到最大值为0.578，辽宁省经济体制逐步完善，服务业质量五大方面指数都呈现出明显上升的态势，这与辽宁逐步过渡到工业化后期向服务业化发展的大趋势有关，逐步改变以劳动密集型服务业为主的产业结构现状。

2. 辽宁省服务业质量水平变动与外部环境、福利水平变动趋势基本一致

辽宁省服务业质量综合指数影响最大的是服务业的外部环境指数，服务业质量综合指数在不同阶段的变化趋势与服务业外部环境指数的变动趋势基本一致，除了2008年两者有较小的偏离，其他年份基本处于同步的状态。这说明在大部分年份，辽宁省服务业质量的变动主要体现在服务业外部环境的改善过程中，期间辽宁省服务业质量水平的提高主要是由于服务业外部环境的改善所带来的，这也进一步证明了打造营商环境的重要性。辽宁省服务业福利水平指数有着较高的增长态势，只有2011年和2013年变动趋势与服务业质量综合指数略有差异，其他各年与服务业质量综合指数的趋势也基本吻合，这说明福利水平的提高对于辽宁省服务业质量的增强有重要作用。

3. 辽宁省服务业的平稳性是服务业质量水平提高的一块“短板”

辽宁省服务业平稳性指数在服务业质量指数中所占的比重是最小的只有14.4%，其变动趋势也与服务业质量综合指数差距较大，尤其是近些年波动幅度较大，最低取值为2007年的0.41，而最高取值为2015年的0.57，两者的绝对差值达到0.16，说明在影响服务业质量指数的五大维度方面指数中，服务业的平稳性是造成服务业增长指数波动的重要原因之

一。只有拥有稳定的服务业增长环境，服务业才有可能实现可持续发展，服务业质量才会得以提高。

4. 辽宁省服务业效率的提高和结构的优化是直接拉动了服务业质量水平的重点

辽宁服务业效率没有充分发挥带动服务业质量提升的优势。质量上的提高有很大一部分原因来自于效率的提高，而辽宁服务业效率指数的比重仅为 20.6%，不是很高，其中很大一部分原因来自于其全要素生产率。服务业全要素生产率的变动与服务业增长质量之间应呈现的是正相关关系，也就是说服务业全要素生产率的提升能有效地改善服务经济增长质量水平。服务业全要素生产率的增长主要来自于技术进步，换言之也就是技术进步能有效地改善服务经济增长质量，成为服务业质量水平提升的决定性因素。根据第四章分析可知，辽宁省服务业全要素生产率还有待加强，应积极推动科技服务业的发展，进一步提高服务业效率。

辽宁省服务业结构方面指数的波动幅度最小，十年间没有太大改善，而且服务业的结构方面指数与服务业质量综合指数变动方向在大多数年份处于偏离的状态。增长结构指数对于服务业质量指数的贡献值较低，为 16.8%，主要原因是三次产业结构的不协调。在辽宁省产业发展中，工业和制造业的比重常年领先于服务业，同时受“重投资、轻消费”的理念的影响，投资消费结构常年处于失衡状态。即使是 2014 年和 2015 年，服务业结构指数也低于 2013 年，也说明服务业结构限制了服务业质量的提升，产业结构优化升级任重道远。

（四）小结

通过第三章从狭义角度对辽宁省服务业质量的评估和第四章从广义角度对辽宁省服务业质量的评估分析可知，首先，辽宁省服务业发展质量综合水平偏低，全要素生产率的增长不仅低于全国平均水平，更无法与发达省份广东和浙江相比。其次，从对效率、结构、稳定性、服务业水平和外部环境五个综合指标的分析来看，虽然辽宁省整体服务业质量在提升，但是区域发展差距较大，不同产业间发展的差异性也较为明显，而且目前辽宁省服务业仍然是以劳动密集型的传统服务业为主，新兴服务业发展严重不足。最后，辽宁省服务业质量的提升主要体现在人民福利水平的提高和外部环境的改善上，而辽宁服务业效率的偏低和结构的不合理是制约服务业质量进一步提升的关键所在。

五、提升服务业质量的财政政策选择

辽宁省服务业的发展方向为：生活服务业向高品质迈进、生产性服务业向高端延伸，不断壮大新兴服务业。根据辽宁省服务业质量存在的问题和未来产业发展方向，特提出以下对提升服务业质量的政策建议。

（一）尽快建立省级服务业质量宏观管理体系，加强服务业质量的监管

辽宁省服务业规模和速度虽有所提升，但与先进省份相比，服务业质量仍然较差，而最重要的是缺乏一个统一、高效的服务业质量宏观管理体系。

1. 尽快成立工作领导小组，加强组织领导工作

辽宁省应该尽快建立服务业质量提升领导小组，负责服务业质量提升的统筹协调。包括完善相关的法规、紧跟国家的宏观调控政策和积极推进服务业供给侧改革、制定推动服务业质量提升的行动方案等。探索设立有利于服务业于“新五化”融合、国际化发展、新技术应用、新业态发展、新领域拓展、试验区示范、聚集区建设的宏观管理体系。

2. 明确职责分工，加强对服务业质量的监管

在服务业质量宏观管理体系中，除了中心领导小组的领导，还需要进一步加强其他相关部门的分工与协助，这就需要明确相关部门的职责。对于服务业质量的相关目标要进行层层分解，目标要明确，责任要清晰，并采取追责制，加强对相关项目实施过程中的监督。另外，探索打破部门行业垄断和区域限制，持续推进简政放权、放管结合、优化服务，强化政府基本公共服务员职能和创业创新服务功能。

3. 加强宣传引导，推动全社会参与

通过报刊、电视、互联网等多种宣传渠道，广泛宣传服务业质量提升的重要意义、经验做法以及政策解读，从而调动全社会的力量，形成共同推动服务业质量提升的凝聚力。

（二）推进技术进步，不断提高服务业发展效率

辽宁省服务业发展效率偏低，尤其是技术效率偏低，因此应该大力推

进技术进步，通过科技强化和加大技术创新投入，引领新一代信息技术对服务业的推动，从而推进产业融合，催生新产业、新业态、新模式，实现服务业发展效率的全面提升。

1. 加大财政科技投入，实施“互联网＋”战略

进一步加大财政对科技的投入力度，财政科技三项经费支出每年占财政支出的比重应该逐步提高到10%，充分发挥财政资金的引领作用。实施“互联网＋”战略工程，加速发展科技和信息技术在服务业领域的应用，加强高新技术对服务业的渗透，把技术进步作为发展现代服务业的出发点和立足点，充分发挥科技进步对现代服务业的支撑和引领作用。

2. 利用信息技术推动产业跨界与融合

以现代信息技术改造传统服务业，加速发展新兴服务业，加大服务业人力资本投入。利用信息技术，服务于战略新兴产业：形成在民用航空、信息产业、新能源、新材料和生物医疗等产业领域具备产业基础技术和关键技术上的突破；服务于高端科技服务业的需求：面向产业链的高端、企业盟主地位和技术垄断的服务业优势，形成世界级具有自主知识产权的名牌产品、世界级研发制造体统和形成区域品牌化服务，以产业链为连接形成科技服务业集聚。

3. 着力搭建和完善科技服务平台

从科技、物流和信息服务跨领域整合基础上的高端科技服务员平台，打造东北地区科技服务中心。加强全省大型科学仪器共享服务平台、科技文献资源共享服务平台、技术转移信息服务平台和省级工程技术研究中心和重点实验室建设；整合省内科技服务资源，以产权为纽带，吸引社会资本，组建一批产权明晰，具有龙头示范性的现代科技服务企业和机构；加强生产力促进中心、创业服务中心、企业孵化器等科技服务机构建设；支持有条件的高等院校、科研院所建立独立技术转移机构，依托自身资源开展技术转移转化工作。

（三）大力发展新兴服务业，促进服务业产业结构升级

辽宁省服务业质量提升的制约因素之一就是产业结构的不合理，劳动密集型的传统服务业占比偏大，新兴服务业发展不足。应该通过大力发展新兴服务业，推动产业结构向高级化发展，实现服务业质量的全面提升。

1. 深入推进服务业供给侧结构性改革

深入推进服务业供给侧结构性改革力度，制定和完善政策措施，创造良好的政策支持体系，除法律禁止的产业外都可以发展。根据供给端改革，大力鼓励新兴服务发展，促进服务业转型升级，同时建立容错机制和激励机制，为高精尖人才提供发展舞台。

2. 促进服务业创新、融合发展

开展科技创新、产业创新、企业创新、市场创新、产品创新、业态创新、管理创新和商业模式创新，推进企业服务市场化、社会化、国际化转变，大力鼓励新兴服务业创新发展。一方面培育发展基于技术集成创新的现代服务业，推动移动互联网、物联网、大数据等新一代信息技术与服务业融合发展；另一方面鼓励基于模式创新、机制创新的现代服务业，加快智慧健康医疗、智慧养老、智慧旅游、创意设计、碳金融、节能环保等新兴业态，打造新的服务业增长极。

3. 构建新兴服务业服务平台

鼓励具有自主知识产权的知识创新、技术创新和模式创新，以创新推动服务业质量提升。加快集交易、电子认证、在线支付、物流、信用评估等服务于一体的第三方电子商务综合服务平台发展，促进服务业发展质量随技术发展不断提升。

4. 以创新推动生活性服务业便利化、精细化、品质化发展

推动生活消费方式由生存型、传统型、物质型向发展型、现代型、服务型转变；以研发、创意、设计等创新带动生产制造向专业化和价值链高端延伸；大力发展新兴服务业，加快传统与现代服务业融合发展，实现传统服务业转型升级和新兴服务业快速发展。

5. 引进 ABTJ 提升服务业质量

借助 ABTJ（阿里、百度、腾讯、京东）互联网龙头企业发展服务业，促进新兴服务业发展，促进传统服务业不断向高端迈进，实现共享发展。

6. 创新人才培养机制

不断推进服务业供给侧结构改革，加大培养工匠力度，开展岗位技能培训，提高服务业管理和从业人员的素质和服务水平。大力引进国内外高层次人才、创业创新人才和高端创业创新团队，吸引新兴服务业领域紧缺

急需的高端人才、技术人才和服务人才来辽宁兼职、挂职与合作，实行与引进科技人才相同的激励政策，形成以优势产业集聚人才、重点项目和重点企业吸引人才的发展机制。

（四）优化营商环境优，逐步完善服务业质量提升的外部环境

辽宁省服务业质量的提升主要体现在外部环境的改善上，而且外部环境的改善也有利于进一步推动服务业质量的提升，因此，辽宁省应该进一步优化营商环境，良好的外部环境对于服务业质量的改善具有重要的意义。

1. 落实《辽宁省优化营商环境条例》

建立长效工作机制、推进简政放权、完善政务管理、规范涉企收费、建立考核评价机制等方面营造服务业发展和质量提升的良好环境。积极推进“放管服”改革，减轻企业负担。清理政府性收费和基金，企业负担减轻，办事更便捷。整顿规范消费市场，通过提升服务业质量专项整治、专项检查等工作摸清实情，找出问题并全面启动问责机制，保障营商环境建设工作顺利推进。

2. 加强行业诚信建设

推进“诚信辽宁”建设，利用信息化平台等征信体系，加强自我诚信约束和社会监督机制。引导行业协会建立行业诚信服务联盟，创建诚信示范企业表彰范例。健全消费纠纷调解机制，采取法律、法规、行政等多种形式调解机制，有效化解消费纠纷，有效保护消费者权益。

3. 加强行业安全、商品质量监管

强化联合执法检查，加强食品安全监管，加强商品质量、计量和明码标价监督检查，保护消费者权益，严厉打击假冒伪劣、侵犯知识产权行为。

（五）加快建立服务业质量标准体系，为服务业质量提升提供制度保障

辽宁省服务业发展质量存在着区域间的不平衡以及服务业内部各行业间的差异性，因此应尽快建立服务业标准体系，推动服务业质量区域发展和行业发展的全面提升。

1. 建立服务业质量考评指标体系

根据国家振兴辽宁老工业基地的要求，紧紧围绕新产业、新业态、新

技术、新产品、新模式、新平台等的发展情况，设置相应的服务业质量考评指标，利用大数据和信息平台，建立服务业质量动态指标考评监测和预警系统，为提升服务业质量提供依据。

2. 建立完善服务业质量标准体系工程

围绕我省服务业重点领域和现代服务业集聚区的发展需要，落实国家和行业标准，根据信息化和互联网的发展制定和完善辽宁标准。打造高端品质服务认证，助推服务业质量提升。服务认证是基于顾客感知、关注组织质量管理和服务特性满足程度的新型认证制度，是国家质量基础设施（NQI）的重要组成部分，对提升优质服务供给比重、增强中国服务国际竞争力具有积极作用。

3. 加快建立标准体系

加快建立以国家、行业标准为主体，辽宁地方标准和标准规范为补充的服务业标准体系。围绕我省服务业重点领域的发展特点，特别是针对提升制造业的水平和竞争力的生产性服务业，提出辽宁地方标准规范的研制计划。

4. 推行标准指南

在服务业组织中推行 GB/T 24421.2-2009《服务业组织标准化工作指南第 2 部分：标准体系》，开展符合辽宁省制造业发展需要的标准体系研制，按照推进生产性服务业与制造业融合发展的要求，建立并完善标准体系，促进实体经济发展和辽宁老工业基地振兴，提高装备制造业综合竞争力。

（六）提升辽宁省服务品牌，打造“品牌”辽宁

辽宁省服务业知名品牌较其他省份偏少，这直接影响到服务业质量的提升，以及对人才的吸引。因此，围绕重点产业，实施服务业品牌引领计划，提升老字号品牌影响力，加快培育一批具有市场竞争力的服务业区域品牌、产业品牌、企业品牌、产品品牌，提升我省服务业质量，打造“品牌”辽宁。

1. 建立品牌工作推进机制

建立品牌工作推进机构，培育和建设具有线上线下平台集聚辐射能力的服务业集聚区、具有较强市场竞争力的服务业品牌、企业品牌，产品品

牌等，构建起比较完善的服务业品牌体系。

2. 传承老字号

挖掘老字号品牌的资源，传承老字号文化特色、优秀技艺，支持老字号企业利用连锁经营、电子商务等现代商业模式，以文化、信誉、质量等优势拓展营销渠道，扩大经营规模。

3. 打造名街

以现代服务业品牌集聚区为依托，打造一批各具特色、服务好、质量优、竞争力强、全国驰名、世界闻名的服务业名区名街。

4. 产业品牌建设

围绕制造业服务化、服务业智能化、农业现代化，实施服务业全产业链的品牌建设行动计划，打造一批体现沈阳及东北服务业发展水平、全国驰名、世界闻名的服务业产业名牌。

5. 企业品牌建设

着力实施服务业企业品牌建设行动计划，以新松机器人、机床i5、中兴连锁等为依托，培育建设一批代表辽宁及东北形象、全国驰名、世界闻名的服务业名企。

6. 品牌建设行动

实施服务业产品品牌建设行动计划，打造一批代表辽宁及东北特色、全国驰名、世界闻名的服务业名品。支持品牌“走出去”，推动辽宁品牌向全国性和国际性品牌跃升。

（七）推进对外开放工程，促进服务业质量与国际接轨

落实对外开放战略，积极主动融入“一带一路”建设，积极利用国际和国内两个市场，努力融入世界服务体系。

1. 搭建服务交流平台，引进国际服务业企业

搭建服务业交流平台，为企业“引进来、走出去”创造有利条件，建立与中央所属大型服务业企业和世界高端服务业企业对接机制，引进跨国公司在辽宁投资并设立地区总部、研发中心、采购中心，加大港台、东南亚、东北亚、欧美重点地区服务业招商，争取一批体量大、带动性强、技术水平高、发展后劲足的服务业大项目落户辽宁。

2. 制定政策措施，支持企业在境外设立机构

制定政策措施，支持企业在境外监理国际营销网络和售后服务员体系，促进服务贸易发展，带动产能国际转移和装备制造合作；鼓励发展跨境电子商务、市场采购贸易等新型贸易方式。

3. 创新合作模式

创新跨境电子商务合作方式，延长加工贸易产业链，提高加工贸易增值率；探索与国际接轨的服务业标准体系，加强服务贸易相关人才的培养、资格互认、标准制定等方面的国际合作。

第二节 优化辽宁省税收营商环境的政策选择

营商环境是一个国家和地区软实力和影响力的重要象征，受到了政府和社会各界的高度关注。税收营商环境作为营商环境的重要组成部分，不仅对于企业投资决策起着关键性作用，还是地区竞争力的重要象征。2019年国家税务总局辽宁省税务局将“打造金牌税收营商环境”列为“一号督办”工程，全力建设金牌营商环境新高地。未来，通过构建简洁、透明、公平的税收营商环境，不断推进经济结构调整，实现辽宁全面振兴。

一、在税收服务上做“加法”，构建以纳税人为中心的服务体制

在税收服务上做加法，就是要为实体经济企业的发展壮大而扩展服务范围，创新服务模式，提升服务质量，逐步构建以纳税人为中心的服务体制，不断提高纳税人的满意度和遵从度。

（一）在创新服务模式上做加法，提升纳税人满意度

在纳税服务上，辽宁省税务部门采取多项举措，不断提升服务效能。例如，2018年辽宁省税务局深入推进“互联网＋政务服务”工作，推进“大厅办、窗口办、排队办”向“网上办、自助办、掌上办”转变。辽宁省共有192项原国税事项、147项原地税事项实现了“一窗通办”；发票领用、发票认证等7大类372项涉税事项实现了同城通办；5大类355项申报类事项实现跨市通办；14项企业跨省经营部分申报事项实现跨省通办。未来，在创新服务模式上做加法，拓展服务渠道，不断提升纳税人满意

度。一是依托“互联网+税务”，推进科技办税。提供线上涉税业务更清晰、更快捷、更精简的业务流程，从而进一步缩短税务登记、涉税审批、手续费申请等时限。线下通过EMS快递到家服务，实现发票业务“一条龙”服务，提升纳税服务线上线下办税效能。二是推进“税务+政务”“税务+银行”“税务+商协会”等融合式新服务，提升纳税人获得感。税务部门通过与多部门的合作，实现办税方式更灵活、办税选择更多元，专属服务更精准，全面提升纳税人满意度。三是建立纳税人问题快速反馈机制。通过“融媒体”平台收集纳税人反馈的涉税疑难杂症，由专业人员在第一时间给予精准的回复和解答，不断提升服务水平和效率。

（二）在税收政策的宣传和辅导上作加法，提升纳税人遵从度

做好税收政策的宣传与辅导，有利于将各项税收政策落实到位，不断提升纳税人的遵从度和满意度。例如，2018年辽宁省税务局启动多轮税收宣传月活动，为企业发展提供税务服务，另外利用微信、短信平台等载体，让纳税人熟悉税收优惠政策，办好“纳税人学堂”，促进税收优惠政策的落实。未来，在税收政策的宣传和辅导上做加法，帮助纳税人更好地熟悉税收政策，进一步提升服务质量。一方面，加大对“融媒体”平台的建设。通过12366、门户网站、网上办税服务厅、微短信平台等多种形式“融媒体”平台的建设，加强税收政策的宣传，尤其是对税收热点问题的解读，并建立线上线下全流程闭环培训辅导模式。例如，纳税人学堂可采用纳税人线上自主报名、线上线下培训辅导、线上满意度问卷采集，期望开设课程线上投票等多种线上线下相融合的学习模式。另一方面，加强专业人才队伍的建设。通过组建专业的税收政策辅导团队，对接纳税人个性化、差异化的需求，提供更多精准式的专业辅导。例如，制定出服务于辽宁自贸区外贸企业、中德高级高端装备制造产业园、沈阳国际软件园、大学生创业基地等产业园区“走出去”宣传和邀请纳税人到纳税学校和多功能厅等“请进来”辅导的时间规划表，提高税收政策的落实质量。

二、在企业负担上做“减法”，激发市场主体活力

在企业负担上做“减法”，就是通过优化税收政策为实体经济和企业减轻税务负担，通过深化简政放权为纳税人降低制度成本，从而激发市场

主体活力，促进企业发展壮大。

（一）在企业税负上做减法，激发企业活力

“营改增”作为结构性减税的重头戏，不仅减轻了企业的税负，而且促进了企业转变经营模式，规范了企业管理水平，推动了产业结构优化和新业态的融合发展。2018年辽宁全面落实“营改增”等国家减税降费政策，减免税费1390亿元。2019年辽宁将实施最大力度的小微企业普惠性减税降费政策，将“六税两费”按50%减征，未来三年每年将减轻全省小微企业税费负担59亿元。未来，在企业税负上做减法，持续为纳税人减负，激发企业活力。一是完善“营改增”相关配套政策。通过完善增值税标准税率，简化税率结构，尤其是制定出进一步降低制造业增值税税负的办法，助推辽宁供给侧结构性改革和企业转型升级。二是制定和落实小微企业税收优惠政策。通过专门设置小微企业电子统计台账、建立小微企业汇算清缴退税监控台账、开辟小微企业退税绿色通道、设立“小微企业优惠政策落实咨询服务岗”等措施，助力辽宁小微企业发展壮大，推进大众创业创新。三是辽宁省地方税收优惠政策的制定应该与产业结构调整和自贸区建设相结合。地方税收优惠政策的制定应该从产业角度出发，重视高新技术产业、先进制造业和现代服务业，从而实现促进产业结构调整和产业转型升级的目的，并充分利用辽宁自贸区在财税创新方面的优势，建立税收改革先行先试示范区，借鉴发达国家的经验，以制度化创新代替政策性优惠，吸引更多的优质企业落户辽宁。

（二）在企业制度性交易成本上做减法，深化“放管服”改革

企业负担不仅包括以货币化体现的税收成本，还包括企业营商过程中难以货币化的时间成本、精力成本、人力成本，以及延伸至决策执行滞后造成的损失等。辽宁省税务局落实“放管服”改革，持续降低企业制度性交易成本。例如，2018年辽宁省税务局推进“首问首办”责任制，全省设置并对外公布“首问责任”公开电话276部，一站式解答纳税人所有咨询问题；在首问基础上进一步做到首办，推出190项纳税服务“最多跑一次”清单，简化办税流程、减少涉税资料报送。未来，结合“放管服”改革要求，在企业制度性交易成本上做减法，进一步简政放权。一是完善税收征管体制。国、地税合并不久，应理顺各税征收范围，统一征收防止重复征

税，并最大限度减少烦琐程序和多头管理。二是规范权力和责任清单。完善和细化税务机构的权责清单，划分岗位职责，明确每个环节的承办机构、办事要求、办事时限等，配合权责事项运行的工作流程图，形成运行高效的清单运行系统，并接受公众的监督。三是精简涉税资料报送。清理纳税人向税务机关报送资料，实行涉税资料清单管理，实现涉税资料一次性采集，所有资料集中转换成电子形式并配套条形码保存，减轻报送负担，便于查询调取，减轻纳税人制度性交易成本。

三、在税务信息化建设上做“乘法”，转变税务管理模式

在税务信息化建设上做“乘法”，是加快税务管理模式向网络化大数据转变的关键所在，充分发挥信息技术的乘法效应和聚变效应，通过构建稳固强大的信息体系，促进税务管理的制度化、标准化、流程化、计算机化，从而更好地服务于纳税人。

（一）在电子税务局建设上做乘法，提升办税效能

2019年1月1日，全国范围内规范统一的电子税务局终于上线，辽宁省统一使用国家税务总局辽宁省电子税务局进行申报纳税、发票领用、税收优惠、报告备案、信息查询等涉税事项的办理。未来，在电子税务局建设上做乘法，尽快实现“一站式服务”，全面提升办税效能。一方面，提升电子税务局综合办税功能。在全国统一电子税务局建设的基础上，依托物联网、云计算、网络化大数据、空间地理信息集成、人工智能等新一代信息技术，构建功能更加强大、办税更加便捷的网上服务大厅，为纳税人提供更加方便、快捷、安全的电子化服务。另一方面，提升税务信息的可获得性和透明度。通过涉税信息的科学分类，明确网上发布税务信息的渠道和形式，满足监管机关、纳税人和社会公众对税务信息搜索的需求，提升税务信息的透明度，并接受公众的监督。

（二）在信息系统的整合上做乘法，构建全社会参与的综合治税体系

税务信息系统的整合，有利于推动前台后台、系统间、各层级、国税地税、内外部数据的整合，最终实现税务信息的互通互融。2019年1月1日新上线的辽宁省电子税务局，实现了界面标准、业务标准、数据标准、关键创新事项四个“统一”，是智慧型电子办税平台。未来，在信息系统

的整合上做乘法，构建以政府为主导，全社会参与的综合治税体系。一是深化税务系统内部的信息整合。加快推进金税三期系统、增值税发票管理系统和网上办税系统的整合进度，通过三大系统的功能整合、数据互通，便利纳税人办税和基层税务干部操作。二是建立健全跨部门数据共享共用机制。以税务部门为主导，建立与工商、银行、证券、外汇、海关、房地产管理和中介机构等跨部门机构的合作，构建统一的税务数据应用管理平台，实现税务相关数据的集中采集、联机查询、分析预测等功能。三是强化对信息数据的管理。通过税务部门内部和跨部门的信息整合，统一信息数据的管理标准，严格信息的审核，强化信息的保密和质量管理，从而全面提升信息系统运维、网络安全、应急管理和支撑保障能力。

四、在税收风险上做“除法”，提高税收监管效能

在税收风险上做“除法”就是加强税收监管，提高治税能力。为防止简政放权所带来的税收风险，积极转变税收征管方式，规范税收执法程序，不断提升税收监管效能。

（一）在税源监管风险上做除法，防范税收流失

转变税收征管方式，进一步增强税源管理的日常监管和风险管理能力，最大限度的防范税收流失。2018 年 8 月，国家税务总局辽宁省税务局召开了千户集团税企座谈会，通过建立税企高层微信群、推出二十项服务承诺、强化风险提示和风险应对三项举措，加强税企合作，共同控制税务风险，取得了良好的社会反响。未来，在税源监管风险上做除法，进一步转变税收征管方式，持续推进事中事后监管机制的建设。一是推进税收管理员制度的改革。依托网络化大数据，最大限度地对各类事项进行数据化改造，尽快实现“数据化管事模式”，变管户为管事，让专业人员有更多时间和精力用于税源风险管理，为纳税人提供更加规范化、专业化、差异化的服务。二是完善纳税信用管理制度。继续完善网上办税实名制认证功能和实体办税服务厅实名认证，建立信用积分制度，对纳税人按月开展纳税信用级别动态调整，实现对纳税人信用和风险状况的动态监控和评价。三是推动跨区域跨部门风险管理协作。通过建立税务部门省级间以及与银行征信中心、民航总局、铁路总公司等协作，建立税务系统内部追逃清

单，对失信行为人采用降低信贷额度，限制高消费，限制乘坐航班、高铁，提升联合惩戒力度，提升跨区域跨部门风险监控能力。

（二）在税收执法风险上做除法，营造公平公开公正文明的税收法治环境

税收执法风险的存在可能会造成执法人员因故意或过失，侵犯国家或税务行政管理相对人的合法权益，从而引发行政、民事责任等各类风险，造成不良的社会影响。2018 年辽宁省税务局按照国家的相关部署，在省内部分地区试点了“行政执法公示制度、执法全过程记录制度、重大执法决定法制审核制度”三项制度，通过试点实现了公正文明执法，受到纳税人的好评。未来，在税收执法风险上做除法，尽快完善和推广三项制度，促进税收营商环境持续优化。一是在执法公示制度方面，加强融媒体平台的建设，方便纳税人多渠道查询税务行政许可决定、行政处罚决定信息、重大税收违法案件信息等。二是在执法全程记录制度方面，全省税务执法机关推广使用执法记录仪，完善税收执法纪录、公开税收执法过程，提升税收执法透明度，从而减少税收执法过程中的寻租行为，鼓励社会监督。三是在重大执法决定法制审核制度方面，通过落实审核主体、建立审核清单、确定审核内容、规范审核流程、强化责任追究，规范重大税收执法决定法制审核办法，并充分发挥律师的参谋助手作用，提高税务机关运用法治思维和法治方式解决问题的能力，有效降低税收执法风险。

第三节　完善辽宁省农村金融体系的对策研究

党的十九大报告提出了乡村振兴战略，2019 年人民银行等五个部门联合发布了《关于金融服务乡村振兴的指导意见》，这都给农村金融的发展带来了重大机遇。辽宁省应该进一步完善农村金融体系，提升金融服务乡村振兴的效率和水平，尽快实现城乡金融资源的合理配置以及金融服务的均等化。

一、辽宁省农村金融体系的发展现状

辽宁省农村已经形成了合作性、商业性、政策性金融机构为主体，农

村新型和互联网金融机构为补充，农业保险公司、农业担保公司为辅助的较为完整的农村金融体系，为农村地区经济社会发展做出了重要贡献。

（一）辽宁省农村金融机构逐步壮大

1. 合作金融机构农村信用社继续深化机构改革

农村信用社一直是辽宁省农村金融信贷的主力军，在支农惠农金融服务上发挥着重要的作用。截至2017年末，辽宁省农村信用社拥有营业网点2221个，助农取款点11526个，县域乡镇的农村信用社覆盖率达到了100%。

2015年辽宁省全面推进农村信用社股份制改造，组建农村商业银行。截至2018年2月末，全省组建30家农商行，30家农商行各项存款余额4028亿元，占全省农信社的75.9%；各项贷款余额2855亿元，占全省农信社的76.9%。2018年辽宁省农村信用社产权制度改革推进会议提出，确保三年后实现辽宁全域组建成立农商行目标，助力乡村振兴战略实施，为辽宁老工业基地全面振兴做出更大贡献。

2. 正规商业性金融机构加大“三农”信贷投放力度

正规商业性金融立足辽宁县域经济实际，紧紧围绕农业供给侧结构性改革，加大对农户支持力度，支持新型农业经营主体发展，支持县域经济转型升级。2017年农行辽宁分行成立了互联网金融服务“三农”工作领导小组，加快产品创新与推广，在辽宁地区率先推出互联网金融农户贷款产品——惠农e贷。2018年投放农户经营性贷款32亿元，支持农户20余万户，发放惠农卡900余万张，代理了城乡居保、新农合等多项涉农代理业务，依托设立在乡村的惠农通服务点为广大农户提供足不出村的基础金融服务。中国邮政储蓄银行辽宁省分行按照加大乡村振兴支持力度有关要求，持续向“三农”领域投放信贷资金。2018年，邮储银行辽宁省分行发放涉农贷款94亿元，较上年末增长11亿元，增幅5%，高于各项贷款平均增速；涉农贷款余额达到205亿元，列全省金融同业第3位；累计发放涉农贷款1561亿元，惠及162万农户、个体工商户和小微企业主。

3. 政策性金融机构中国农业发展银行以服务“三农”为己任

作为以服务“三农”为己任的农业政策性银行，辽宁分行立足农村发展实际，坚持政策不变，力度不减。2018年，农发行辽宁分行认真贯彻党中央对扶贫工作的各项方针政策，投放辽宁东西部协作扶贫贷款0.83亿元，累计投放1.83亿元，以签约结对、技术指导、村企共建、吸纳就业等形式，对西部村户开展协作扶贫，让农发行资金注入到扶贫一线。2018年累计向康平县投放精准扶贫贷款7.88亿元，帮助康平县摘掉“贫困县”帽子，累计发放粮油类产业精准扶贫贷款8.85亿元，广泛惠及更多农民百姓，取得良好效果。

4. 农村新型金融组织是补齐农村金融短板的重要力量

以村镇银行和小额贷款公司为代表的新型农村金融组织抓住农村供给侧结构性改革和产业融合发展新机遇，在推动产业链金融健康快速发展中不断壮大。截止到2017年9月，辽宁省村镇银行已经发展到64家，覆盖率在全国居于领先地位。辽宁省村镇银行立足支农支小的基本原则，坚持“小额分散”的信贷，2018年计划投放贷款16282户，其中100万元以下贷款12818户，投放支农贷款36.15亿元，户均贷款余额为58万元。截至2018年底，辽宁小额贷款公司共有499家，机构数量全国排名第二，以普惠金融支农支小，努力降低“三农”融资成本，积极打开惠农服务新空间。

5. 互联网金融成为农村金融创新的典型

互联网金融作为新兴金融业态，运用大数据、云计算等最新的网络技术，改变着传统农村金融模式，在降低金融服务成本、整合金融资源、优化融资渠道等多方面发挥着优势，有力促进了农村经济发展。辽宁省农村互联网金融的主要模式为：一是以阿里为代表的“农村电商+金融”服务模式。2016年兴城市被阿里选为辽宁省第一个互联网金融落地的县城，并通过“旺农贷”提供相关互联网信贷产品，进一步激活了农村地区生产力。二是以P2P网贷平台为代表的供应链金融模式。辽宁省已有300多家P2P网贷平台为农村地区提供金融服务，既有本土网贷公司君融贷、盛京金服、聚雪球等，也有宜信、翼龙贷等国内大公司投身辽宁农村地区。通过整合产业链上下游资源和数据，开发金融产品，创新服务方式，不断满足农民多样化融资需求。

（二）辽宁省农村金融市场逐渐完善

1. 农业担保体系基本健全

各级财政进一步完善担保费补助、业务奖补、贴息等政策，积极支持农担体系发展，辽宁省农担业务也得到加快发展。截止2018年末，辽宁省农业信贷担保有限责任公司的业务已经覆盖全省13个市和76个县，为农业经营主体提供贷款担保项目2453个，累计担保金额实现18.19亿元。担保业务不仅包括粮食生产、畜牧水产养殖、特色农业等农业项目，也涵盖了相关的第二、三产业项目，有效缓解了农村地区“融资难、融资贵”问题。

2. 农村保险市场快速发展

辽宁省从开展农业保险工作以来，始终坚持政府政策扶植为引导，农业保险机构市场化运作为主导，农民自愿参保为原则的发展模式，加大对农业保险保费的财政补贴力度，实现了辽宁省农业保险跨越式发展。截止2017年末，辽宁省共有省级以上保险公司115家，覆盖面不但扩大，农业保费收入持续增长。一方面，农业保险的功能作用日益凸显。辽宁省保险行业有效参与了达维台风、布拉万台风、815水灾和特大旱灾等应对处置工作，进一步提升了农业保险保障水平。另一方面，辽宁省政策支持力度不断增强。自2013年起，省财政提高了种植业保险省级财政保费补贴比例，由原有的25%提高至30%，多出5个百分点直接补贴到县级财政，更好地发挥保险机制支农惠农的重要作用。

（三）辽宁省农村金融监管进一步强化

伴随着农村金融的快速发展，金融监管也进一步加强。2018年辽宁省地方金融监管局挂牌成立，与地方一行三局形成了错位监管和补充。地方金融监督管理局的监管范围包括小额贷款公司、融资担保公司、农民专业合作社等涉农金融机构，进一步加强了对农村金融机构和农村金融市场的监管。另外，2019年银监会发布了《关于推进农村商业银行坚守定位强化治理提升金融服务能力的意见》，强化了对农商行经营定位和金融服务能力的考核，这也意味着农村金融将在未来受到更多的重视，并呈现出监管的差异化特征。

二、辽宁省农村金融体系存在的主要问题

（一）辽宁省农村金融机构功能配置不合理

辽宁省农村金融机构功能配置不够合理。一是辽宁省农村信用社治理

机制不健全。农信社作为农村金融机构的主力，股份制改革不够彻底，内控管理水平较低。截至2018年8月底，辽宁省农村信用社联合社下辖49家法人行社不良贷款余额为562.52亿元，计提拨备金额146.77亿元，平均拨备覆盖率仅为26.09%，远低于拨备覆盖率120%～150%的监管要求。二是商业性金融机构辐射和服务乡镇的能力明显下降。由于涉农项目抗风险能力低，服务成本高，投资回报率低，商业性金融机构受到资本逐利特性的影响陆续减少农村地区战略服务，导致商业性金融机构对“三农”支持力度严重不足。三是政策性银行农业发展银行的职能过于单一。农业发展银行辽宁分行的主要职责是为农村经济发展提供政策性贷款，但主要业务在农村粮食收储贷款和精准扶贫上，服务对象和范围较为单一，没有充分发挥政策支农作用。四是新型农村金融机构规模较小，业务创新不足。辽宁省村镇银行和小额贷款公司的数量和覆盖范围在全国处于优势地位，但是实收资本和贷款余额在全国排名靠后，这充分说明了新型农村金融机构的规模偏小，实力偏弱。另外，新型农村金融机构业务同质化问题突出，金融产品创新不足，难以适应“三农”对金融产品多样化的需求。五是辽宁省互联网金融发展阻力较大。辽宁省互联网配套基础设施建设还不够完善，远落后于江浙等发达地区，加之农户对互联网金融认识不全面，缺乏信任感，导致互联网金融业务拓展难、风险大。

（二）辽宁省农村金融市场发展仍不健全

1. 农村信用担保机制建设缓慢

辽宁省农村信用担保机制建设缓慢，严重影响了农村金融的发展。一方面，农村征信系统建设滞后。农村征信缺失一直是农村金融市场发展的痛点所在，由此导致了农村金融交易成本高、金融服务效率低以及金融风险大。据中国人民银行数据显示，2018年人民银行征信中心数据库已覆盖约8亿人，其中仅有3亿人有信用记录，由此可见征信系统尚未覆盖农村地区。辽宁省农村地域分布广，信息采集成本更高，征信工作推进速度缓慢。另一方面，抵押担保体系不健全。目前辽宁农村土地确权没有全覆盖，评估机制不完善，抵押物处置较难，加上相关信息平台和流转交易平台建设缓慢，农村产权等各类信息资源无法实现共享，严重影响了信贷抵押担保业务的开展。

2. 农业保险发展滞后

伴随着辽宁省农村经济的快速发展，农民对农业保险的需求也在不断增加，但是辽宁省农业保险发展的规模、深度和广度上仍然较为滞后。一方面，保险公司创新意识不强。对于传统业务，尤其是有中央和地方财政补贴的种植业保险，保险公司的积极性较强，但是对于设施农业、特色农业等项目，业务创新和拓展不够深入，农业保险规模增长较为缓慢。另一方面，农户参保意识不强。辽宁省农民收入水平仍然较低，可自由支配的收入较少，而商业性农业保险费率较高，险种也不丰富，农民自愿参保意识不强。

（三）辽宁省农村金融监管不到位

辽宁省农村金融监管不到位，农村地区金融风险较大。一方面，缺乏专门的农村金融法律法规。目前金融领域的法律法规大部分是针对城市金融，没有专门针对农村金融的法定文件，而针对新型农村金融组织的文件也仅有一些指导性规范文件，这在一定程度上导致了农村地区经营风险加大。另一方面，农村金融风险预警体系不健全。农村金融市场基础设施建设较为薄弱，征信体系不健全，风险防控能力有限，难以做到早识别、早预警、早发现、早处置。

三、完善辽宁省农村金融体系的对策选择

（一）构建多元化农村金融机构体系

构建多元化农村金融机构体系，鼓励农村金融机构产品和服务创新，并充分利用互联网和大数据，全面提升面向“三农”的金融服务水平。

1. 加快农村信用社机构改革，鼓励其立足本地发展

辽宁省农村信用社应该进一步推进产权制度改革，提升自身综合竞争力。一方面，农信社深化产权改革、完善法人治理。充分发挥省联社和各改制机构职能作用、建立激励约束机制、切实防范各类风险、提升法人治理水平。另一方面，明确农商行职能定位。省级政府应该出台相关政策鼓励各地区农商行，立足本地市场，加大对“三农”和小微企业扶植力度，切实解决县域融资问题；鼓励各地区农商行之间在市场竞争的基础上进行跨区域并购，不断提升综合竞争力。

2. 加大正规商业性金融机构支农力度，提升服务质量

中国农业银行辽宁省分行作为正规商业性金融机构的代表，应该加强普惠金融服务，努力补齐辽宁农村地区金融服务短板，缓解广大“三农”客户和贫困地区融资难问题。凭借农业银行营业网点覆盖县域范围广的优势，在现有网点的基础上，运用科技和网络技术手段，尽快构建“物理网点＋自助银行＋惠农通服务点＋互联网金融平台”，优化“三农”融资渠道，提升服务质量。

3. 强化政策性银行的政策金融功能，扩张业务范围

农业发展银行辽宁省分行应该拓展业务范围，强化政策性金融的引导作用。一方面，扩大农业政策性贷款的范围。在做好国家粮油收购和政策性扶贫等资金供应的基础上，重点加大现代农业产业园、绿色农业项目以及乡村旅游、农村电商等新兴产业的支持力度，提升农业产业价值链。另一方面，加强政策性金融支持农村创新创业的力度。重点支持农业科技发展，促进农业科技成果转化，从而带动农业生产的集约化和产品的精细化；支持建设各类农民创业园，创业孵化基地、创客服务平台等，拓宽农村创业创新领域。

4. 鼓励新型农村金融机构做大做强，提供多元化服务

辽宁省应该大力支持村镇银行、担保小贷公司做大做强，鼓励引导实力雄厚的企业积极参与组建民营银行、信托公司、融资租赁公司、商业保理公司等类金融机构，从而为农村经济发展提供多元化的金融服务。同时，新型农村金融机构也应该进一步强化内控机制，提高风险管理水平和工作人员综合素质，不断提升服务水平和竞争力。

5. 推动互联网金融机构创新发展，弥补传统金融不足

互联网金融的发展为实现普惠金融提供了可能性，应进一步发挥其优势，弥补传统农村金融不足。一方面，扩大农村互联网金融的用户量和业务量。通过加强辽宁农村互联网基础设施建设，不断提升农户对互联网金融的认知水平，储备潜在客户群。另一方面，创新互联网金融服务模式。通过农业产业链条与互联网金融的有机结合，提供全产业链一体化金融服务，提高资源配置效率。

（二）构建多层级农村金融市场体系

构建多层级农村金融市场体系，就是通过不断完善农村信用体系、抵

押担保体系和农村保险体系，助力农村金融市场的繁荣发展。

1. 推动农村信用担保体系建设，构建良好的农村金融生态环境

辽宁省应该尽快建立由政府部门引导，农村金融机构和农户共同参与的信用担保体系联动机制。一方面，尽快构建农村信用体系。通过打造“信用户、信用村、信用乡”，建立农户电子信用档案，核定农户的授信额度，构建农村信用信息共享平台，并联合第三方评级机构对县域中小企业联合信用评级，为信贷业务的开展创造良好的生态环境。另一方面，推动农村抵押担保体系建设。辽宁省应该持续推进农村“两权”抵押贷款试点工作，探索建立农村产权交易中心、土地流转信托公司等，并完善相关风险补偿机制。

2. 大力发展农业保险，降低农村金融风险

辽宁省应该大力发展农业保险，从而更好地服务乡村振兴。一方面，政策性农业保险应该提标、扩面、赠品。政策性保险应逐步将地租成本、人工成本纳入保险保障范围，并增加农业保险的险种品类，从而提升其覆盖面。另一方面，加大农险产品开发与服务模式创新。辽宁省应该出台对地方优势特色农产品保险的“以奖代补”支持政策，满足区域多样化风险需求，更好地助力农业农村现代化。

（三）构建全方位农村金融监管体系

农村金融是整个金融体系中最为薄弱的环节，完善监管制度，构建全方位监管体系，改进监管方式，促进农村金融市场稳定发展。

1. 加强农村金融监管合作，切断风险传播途径

加强农村金融监管部门间的合作，切实防范风险发生。一是强化农村金融差异化监管。根据辽宁农村金融发展的实际情况，构建多部门合作的分层、分业和分类监管模式，实行差异化管理，有效支持农村实体经济发展。二是尽快填补农村金融监管的空白。制定和出台相关金融监管政策和文件，尤其对于银行类理财产品、非银行金融机构产品、互联网金融产品等加强联合监管，避免金融风险的传播。三是引导农村金融去杠杆。通过政策引导促进农村金融机构压缩同业业务和表外业务，促进资金脱虚向实，防止农村资金外流，积极化解农村金融期限错配风险。

2. 建立农村金融风险预警与评价体系，强化风险防范

明确地方政府金融风险防范和处置责任，积极构建农村金融风险预警评价体系。一方面，构建农村金融风险预警评估体系。利用大数据，云计算、互联网等新兴技术构建具有识别、测评、预警的多功能内部风险评级体系，实现全面、系统、动态的实时监控。另一方面，构建科学的信息反馈和处理机制。根据风险测评结果，加强重点监控和分类处置，提高农村金融机构风险识别、量化和管理能力。

参考文献

［1］亚当·斯密．国民财富的性质与原因研究［M］．上海：商务印书馆，1972．

［2］张志超．现代财政学原理［M］．天津：南开大学出版社，2003．

［3］张志超、雷晓康．我国转型时期的公共政策［M］．北京：中国财政经济出版社，2005．

［4］张志超．美国政府绩效预算的理论和实践［M］．北京：中国财政经济出版社，2006．

［5］丛树海．公共支出分析［M］．上海：上海财经大学出版社，2006．

［6］申书海等．财政支出效益评价［M］．北京：中国财政经济出版社，2002．

［7］高培勇等主编．中国财政经济理论前沿（6）［M］．北京：社会科学文献出版社，2011．

［8］中国社会科学院财政与贸易经济研究所．中国财政政策报告2009—2011［M］．北京：中国财政经济出版社，2010．

［9］财政部财政科学研究所．地方公共财政预算管理改革与实践［M］．北京：中国财政经济出版社，2011．

［10］中国社会科学院．2014年中国经济形势分析与预测［M］．北京：社会科学文献出版社，2013．

［11］毛太田．地方政府公共财政支出绩效评价研究［M］．北京：光明日报出版社，2013．

［12］范毅．走向财政民主化解乡村债务长效机制研究［M］．北京：法律出版社，2013．

[13] 刘星，刘谊. 中国地方财政风险及其控制与防范 [M]. 北京：中国财政经济出版社，2006：35—42.

[14] 郑功成. 社会保障学 [M]. 中国劳动社会保障出版社，2005.

[15] 阿尔弗雷德·格雷纳. 财政政策与经济增长 [M]. 经济科学出版社，2000.

[16] 郑玉歆. 应用福利经济学 [M]. 北京：经济管理出版社，2004.

[17] 海金玲. 中国农业可持续发展研究 [M]. 上海：三联出版社，2005.

[18] 王翠琴，田勇，薛惠元. 城镇职工基本养老保险基金收支平衡测算：2016～2060——基于生育政策调整和延迟退休的双重考察 [J]. 经济体制改革，2017 (04)：27—34.

[19] 刘学良. 中国养老保险的收支缺口和可持续性研究 [J]. 中国工业经济，2014 (09)：25—37.

[20] 丁建定，郭林. 我国企业职工基本养老金调整机制：变迁、问题与优化 [J]. 保险研究，2011 (09)：47—52.

[21] 刘长庚，张松彪. 我国企业职工基本养老保险制度中企业缴费率应降低 [J]. 经济纵横，2014 (12)：112—115.

[22] 刘晓艳. 基于养老保险统筹账户收支平衡的最优退休年龄研究 [D]. 山西财经大学，2017.

[23] 孙开，王丹. 我国基本养老保险财政负担问题的思 [J]. 地方财政研究，2015 (10)：65—70.

[24] 薛惠元. 新型农村社会养老保险财政保障能力可持续性评估——基于政策仿真学的视角 [J]. 中国软科学，2012 (05)：68—79.

[25] 程杰. 新型农村养老保险制度的财政负担测算——兼论"十二五"期间实现全覆盖的可行性 [J]. 社会保障研究，2011 (01)：57—66.

[26] 寇铁军，苑梅. 制度建设与财政支持——农村社会养老保险可持续发展研究 [J]. 财经问题研究，2011 (01)：96—100.

[27] 蔡向东. 统账结合的中国城镇职工基本养老保险制度可持续性研究 [D]. 吉林大学，2009.

[28] 熊锡鸿. 中国城镇职工基本养老保险改革模式选择与财务可持

续性研究［D］. 中国社会科学院研究生院，2014.

［29］周风珍. 中国社会养老保险财政负担研究［D］. 东北财经大学，2014.

［30］刘昕. 城镇职工基本养老保险社会统筹账户的财政负担研究［D］. 中国财政科学研究院，2018.

［31］乔天锋，任亚娟，李保东. 地方土地财政与金融风险［J］. 中国金融，2017（16）：88－89.

［32］汤旖璆. 土地财政空间集群差异对地方财政收支差距职能影响研究——基于区域聚类、主成分分析以及 GMM 分析方法［J］. 经济经纬 2017，34（01）：147－152.

［33］唐在富. 中国土地财政基本理论研究－土地财政的起源、本质、风险与未来［J］. 经济经纬，2012（02）：140－145.

［34］田志刚. 地方财政风险识别、预警与规避的内控制度研究［M］. 北京：中国财政经济出版社，2013：37－43.

［35］万新亚. 基于土地财政的地方政府债务融资问题探讨［J］财会通讯，2016（20）：16－18.

［36］汪勋杰. 地方政府土地财政风险评估与防范研究

［37］温来成. 关注土地财政风险［J］. 财会研究，2014（07）：1.

［38］夏依，郭传辉. 土地财政的影响因素及其实证——基于江苏省的经验数据［J］. 金融与经济，2012（09）：43－46.

［39］谢保鹏. 基于土地财政的地方政府债务研究：规模、风险及其传导［D］. 博士学位论文，中国农业大学，2017.

［40］杨志安，宁宇之. 中国财政风险预警系统的构建－基于 AHP 评价法的实证研究［J］中国经济问题，2014（04）：30－37.

［41］叶新阶. 基于市场主体的中国房地产金融风险处置研究. 博士学位论文，中国社会科学院研究生院，2017

［42］周彬，杜两省. “土地财政”与房地产价格上涨：理论分析和实证研究［J］. 财贸经济，2010（08）：109－116.

［43］边恕，李东阳，孙雅娜. 辽宁省城镇职工养老保险财政支付风险及对策研究［J］. 地方财政研究，2017（11）：28－37.

［44］张兴，我国城镇企业职工基本养老保险财政责任研究［J］．甘肃理论学刊，2018（5）：81－91．

［45］曹清华，城镇职工基本养老保险政府财政责任的优化［J］．河南大学学报，2018（1）：30－36．

［46］陈曦，范璐璐，王冬雨，城镇职工养老保险全国统筹实现机制研究［J］．北京航空航天大学学报，2019（3）：34－40．

［47］金刚、张秋秋，辽宁城镇职工养老金收支失衡问题研究［J］，地方财政研究，2018（5）：23－31．

［48］赵剑锋，省级地方政府性债务风险测度、分解与归因——基于2014年省级地方债审计的因子－聚类分析［J］．经济经纬，2016年5月

［49］王峰等，省级地方政府债务限额分配——基于效率最优视角［J］．华东经济管理，2017（7）．

［50］孙灵．地方政府债券的风险及防控研究［J］．现代商贸工业，2009（12）．

［51］周孝华，周菁．地方政府融资平台风险管理——基于重庆市投融资平台的实证研究［M］．北京：经济管理出版社，2012．

［52］赵剑锋，省级地方政府性债务风险测度、分解与归因——基于2014年省级地方债审计的因子－聚类分析［J］．经济经纬，2016（5）．

［53］王峰等，省级地方政府债务限额分配——基于效率最优视角［J］．华东经济管理，2017（7）．

［54］伏润民，王卫昆，缪小林等．我国地方政府债务风险与可持续性规模探讨［J］．财贸经济，2008（10）．

［55］赵剑锋，省级地方政府性债务风险测度、分解与归因——基于2014年省级地方债审计的因子－聚类分析［J］．经济经纬，2016（5）．

［56］刘尚希，赵全厚，孟艳，封北麟："十二五"时期我国地方政府性债务压力测试研究［J］．经济研究参考，2012（08）：3－58．

［57］缪小林，伏润民：我国地方政府性债务风险生产与测度研究——基于西部某省的经验数据［J］．财贸研究，2015（03）：97－103．

［58］龚强、王俊、贾珅：财政分权视角下的地方政府债务研究：一个综述［J］．经济研究，2011（7）．

[59] 洪源，李礼．我国地方政府债务可持续性的一个综合分析框架［J］．财经科学，2006 (4)．

[60] 洪源．地方政府融资平台债务的可持续规模动态测算——以中部地区 J 市为例［J］．中南财经政法大学学报，2012 (6)．

[61] 洪源，刘兴琳．地方政府债务风险非线性仿真预警系统的构建——基于粗糙集—BP 神经网络方法集成的研究［J］．山西财经大学学报，2012 (3)．

[62] 李昊，迟国泰，路军伟等．我国地方政府债务风险及其预警：问题及对策［J］．经济经纬，2010 (2)．

[63] 李红霞，张世鹏．地方债风险化解路径探析［J］．经济研究参考，2014 (45)．

[64] 李本松．论我国地方债产生的根源和新常态下的解决对策［J］．现代经济探讨，2015 (5)．

[65] 罗绪富．金融业"营改增"征收模式及税率选择［J］．税务研究，2015 (5)．

[66] 王云升．银行业"营改增"问题探讨［J］．税务研究，2015 (8)．

[67] 魏志华．金融业"营改增"的税负影响及政策选择——基于两种征税模式的对比研究［J］．经济学动态，2015 (8)．

[68] 许善达．营改增造成税收失衡［J］．资本市场，2014 (10)．

[69] 熊伟．法治视野下清理规范税收优惠政策研究［J］．中国法学，2014 (6)．

[70] 李浩研，崔景华．税收优惠和直接补贴的协调模式对创新的驱动效应［J］．税务研究，2014 (3)．

[71] 人民银行西安分行课题组．我国金融业营业税改增值税问题研究［J］．金融监管研究，2014 (12)．

[72] 谌英．建立以税收优惠为主的促进农村金融发展财政政策探析［J］．农业经济，2014 (2)．

[73] 韩俊．中农办主任韩俊解读中央农村工作会议精神［J］．云南农业，2018 (3)．

［74］毛瑞丰．关于金融支持现代农业发展的几点思考［J］．经济研究导刊，2014（32）．

［75］邓荥川．四川新型农村金融机构监管创新实践的案例研究［D］．成都：电子科技大学硕士学位论文，2015．

［76］王筠权．坚持“八个务必”促进村镇银行持续健康发展［J］．中国农村金融，2011（23）．

［77］兰虹，江艳平，许婷．基于大数据视角下的农村金融发展路径研究——以成都为例［J］．西部经济管理论坛，2018（2）．

［78］任常青．新型农村金融机构：村镇银行、贷款公司和农村资金互助社［M］．北京：经济科学出版社，2012．

［79］梁信志．关于深化农村金融供给侧结构性改革的思考——以河南为分析例证［J］．农村经济，2018（5）．

［80］W. BARTLY HILDRETH. The Evolution of the State and Lo－cal Municipal Debt Market over the Past quarter century［J］. Public

［81］Budgeting and Finance silver anniversary edition，2005（11）.

［82］JOHN MR CHALMERS. Default Risk Cannot Explain the Muni Puzzle：Evidence from Municipal Bonds That are Secured by US

［83］Treasury Obligations［J］. The Review of Financial Studies，1998（2）.

［84］Deles P，Mendoza R U，Vergara G. Social budgeting initiatives and innovations：Insights using a public finance lens［C］. Background paper prepared for The African Child Policy Forum，2010.

［85］Ruth Carlitz. Improving Transparency and Accountability in the Budget Process：An Assessment of Recent Initiatives［J］. Development Policy Review，2013，31（1）.

［86］Robinson M. Budget analysis and policy advocacy：The role of non－governmental public action［J］. Institute of Development Studies working paper，University of Sussex，2006.

［87］Sarangi P. Can the Right to Information Help［J］. Journal of Democracy，2012，23（1）4.

[88] Allport, W G, Postman, L J. The psychology of rumor [M]. New York: Holt, Rinehart and Winston, 1947.

[89] Prasad, J. The psychology of rumor: a study relating tothe great Indian earthquake of 1934 [J]. British Journal of Psychology, 1935, 26: 1—15.

[90] Jaeger, M E, Anthony, S, Rosnow, R L. Who hears whatfrom whom and with what effect: A study of rumor [J]. Personality ofSocial Psychology Bulletin, 1980, 6 (3): 473—478.

[91] Gunther, A C. What we think others think — cause and consequencein the third — person effect [J]. Communication Research, 1991, 18 (3): 355—372.

[92] Kelman, H, Hovland, C. Reinstatement of the communicatorin delayed measurement of opinion change [J]. Journal of Abnormaland Social Psychology, 1953, 21: 107—128.

[93] Einwiller, S A, Kamins, M A. Rumor has it: The moderatingeffect of identification on rumor impact and the effectiveness of rumorrefutation [J]. Journal of Applied Social Psychology, 2008, 38 (9): 2248—2272.

[94] Laurent Franckx. Environmental enforcement with endogenous ambient monitoring [J]. Environmental & Resource Economics, 2005, (30): 195—220.